元国税庁調査官
大村大次郎

元国税庁調査官が明かす
【最強の財テク術】

得する確定拠出年金

ビジネス社

はじめに

確定拠出年金という言葉をなんとなく聞いたことがあると思いますが、ほとんどの人はそれがいったい何のことなのか、今一つわかっていないのではないでしょうか。

たとえば、

「大企業の人にしか関係ないでしょう?」

などと勘違いしている人も多いようです。

実はこの確定拠出年金、ほとんどの人が使えるものなのです。そして、我々の老後の生活に大きな影響を与える制度です。しかも、いい方向に。

昨今、老後破産という言葉がはやったように、多くの人が老後の生活に不安を抱えていると思います。老後資産の確保のために、いろんな方法を採っている人もいるはずです。

しかし、この方法さえあれば、他の方法は、ほとんど必要ないといってもいいくらいなのです。

この確定拠出年金をうまく使えば、老後はまったく安泰だといっても過言ではありません。

にもかかわらず、確定拠出年金は、世間にあまり知られず、活用されていません。

そもそも、確定拠出年金は、従来の公的年金の不足分や欠陥部分を補う、ということでつくられた制度です。もとは企業年金を持たない中小企業の従業員や自営業者のためにつくられた制度ですが、2017年1月から制度が変わり、主婦でも、公務員でも、企業年金を持っている大企業の社員でも一定の条件をクリアしていれば入ることができます（ほとんどの人が対象になります）。

公的年金は、いろいろ欠陥も多く、老後の生活には不十分な場合が多いのです。少子高齢化がどんどん進んでいく中で、給付水準を維持していくのは非常に難しく、今後は給付水準がどんどん下がっていくことが予想されます。公的年金は、どこまであてにできるかわからなくなってきているということです。

そのため、「各個人が自分で年金を積み立てられるようにした」というのが、確定拠出年金の趣旨です。

つまりは、公的年金の不足分を、各人の自助努力によって補ってもらおうというものです。各人が、準公的な年金に入り、その年金資金を自分で運用する、自分で掛けた金額と運用益が、自分の年金資産になるという制度です。

確定拠出年金は、銀行や証券会社などの金融機関が窓口になっていて、窓口金融機関は、自分で選ぶことができます。

そして、銀行や証券会社などの窓口機関が用意している金融商品を、自分で選んで運用するという仕組みです。

「それって株などに投資をするんでしょう?」と思っている人も多いようです。

確定拠出年金は、「自分の年金資産を自分で運用する」という建前を持っているので、投資という側面があるのは確かです。金融機関が用意した商品を自分で選択するので、それは投資の一種でもあります。

ただ、投資といっても、必ずしも株を売買しなくてはならない訳ではなく、元本保証型の商品もあるので、資産運用などが苦手な人でも心配は要りません。元本が割れない定期預金などに投資をすればいいだけの話です。

リスクを取ろうと思えばいくらでも取れるけれど、安全に行こうと思えばきっちり安全に行けるのです。

掛け金も、限度額の範囲で自分で設定することができます。

自営業者やフリーランスの場合は、掛け金の上限が月6万8000円です。企業年金のある会社のサラリーマンの場合は、上限月2万7500円、企業年金がない中小企業のサラリーマンの場合は、上限月2万3000円です。

きわめて自由度の高い年金といえます。

「各人が自分の老後資金を積み立てるのであれば、普通に貯蓄しているのとどう違うの？」

と思った人もいるでしょう。

実は、大きく違うんです。

最大のメリットは、「確定拠出年金を使えば、税金が安くなる。節税ができる」という点です。その仕組みをざっくりお話しします。

普通に貯蓄をする場合、「自分の収入」の一部を充てます。この「自分の収入」には、所得税、住民税がかかっています。つまり、普通に貯蓄する場合には、所得税、住民税を払った後の収入を充てるということになります。

たとえば、年間30万円貯蓄したとします。

平均的なサラリーマンの場合、収入にだいたい15％程度の税金がかかっています。

だから30万円貯蓄するには、35万円くらいの収入が必要なのです。

つまり、自分の収入から35万円を割いているのに、実際に貯蓄できるのは30万円程度になってしまうのです。

ところが、確定拠出年金の場合は、違います。

掛け金から、所得税、住民税が控除されるのです。

だから、35万円を確定拠出年金にあてれば、まったく税金が引かれずに35万円がそのまま積み立てられるのです。

この5万円の差ってかなり大きいと思います。

この5万円分を利子だと考えれば、年間15％もの利子がつくことになります。今どき、そんな高利率の金融商品などありませんよね？

もしそれが20年続けば、100万円もの差になってくるのです。

勤務先に企業年金がない会社のサラリーマンの場合、月額2万3000円までの掛け金が全額控除となります。

年間では27万6000円までの掛け金が、所得控除になるのです。

この所得控除により、平均的なサラリーマンの場合、年間4～5万円の節税になります。つまり、年間4～5万円の税金の補助を受けながら、27万円の年金を積み立てているのと同じことなのです。

自分の負担は、実質22～23万円でいいのです。

もちろん、積み立てる額が大きくなったり、積み立てる期間が長くなったりすれば、その差も大きくなります。

たとえば、自営業者の場合、賭け金の上限が月6万8０００円です。年間で81万6０００円です。

これを満額掛けていたとすれば、15％の所得税、住民税が節税になるとして、年間で約12万円の節税になります。

毎年12万円の差を30年積み重ねれば、３６０万円です。老後資金が３６０万円も違ってくれば、老後の生活に相当の影響を与えるはずです。

だから、老後のための貯蓄をしようと思うならば、確定拠出年金を使わない手はないのです。

昨今、ふるさと納税という節税制度が話題になり利用者も増えていますが、確定拠出年金は、このふるさと納税制度に匹敵する、いや、使い方によってはふるさと納税制度を超える節税アイテムといえるでしょう。

しかも、この確定拠出年金は、2017年に大幅な改正が行われます。冒頭でも触れましたが、今まで、自営業者や中小企業の社員しか利用できなかったものが、大企業の社員や公務員、主婦にまで利用範囲が拡大されたのです。充実した年金制度を持つ一部の大企業社員を除いて、ほとんどの国民が、確定拠出年金の恩恵を受けられることになったのです。

確定拠出年金は、「資産運用」の仕組みとしても非常に有利になっています。小遣い稼ぎのために株を買ったり、老後資金のために投資信託を買ったりしている人はけっこういると思います。

しかし、確定拠出年金に入れば、非常に有利な条件で、投資信託などに投資することができるのです。逆に資産運用などが苦手な人は、無理に投資信託をする必要などなく、元金保証型商品の運用もできます。

確定拠出年金のメリットはほかにもたくさんあります。

それらを紹介しようというのが、本書のテーマです。

ところで、筆者は元国税庁調査官で、今はライターをしています。

筆者の著作の大半は、国の悪口を書いたものです。国の失策や役所の落ち度などを税制の面から取り上げてきました。つまり、国を批判することで、飯を食ってきたような人間です。

そういう人間が、「国が実施している確定拠出年金はいい」というのだから、確定拠出年金にはよほどのメリットがあると思ってもらって構いません。

もちろん、デメリットや、気をつけなくてはならない点などもあります。そういうものも包み隠さずに、ご説明していきたいと思います。

確定拠出年金を知らずして老後設計はできないとさえいえます。

ぜひこの機会に、確定拠出年金についてお知りになり、使いこなせるようになってください。

必ずやあなたの老後を豊かなものにするはずです。

大村大次郎

得する確定拠出年金　もくじ

第2章　確定拠出年金の基本的な仕組み

第3章　加入方法、商品の選び方

第4章　サラリーマンの確定拠出年金

第5章　自営業、主婦、フリーターの確定拠出年金

第6章　確定拠出年金の賢い使い方

第7章　確定拠出年金のモデルケース　早く始めれば始めるだけ、こんなにお得！

第1章

確定拠出年金は最強の財テク！

なぜ確定拠出年金がスグレモノなのか？

「はじめに」で、確定拠出年金はほとんどの人が得をする制度であることを述べましたが、まだ実感がわかないと思います。

そこで、具体的に、どう得をするのかお話ししていきたいと思います。

まず、確定拠出年金は、普通の「金融商品」としても優れているのです。

老後の資金を蓄えるアイテムである「定期預金」「投資信託」「株式投資」などと比べた場合、一番安全でメリットが大きいのです。

では、具体的にどこがスグレモノなのかというと、なんといっても節税になるということです。

確定拠出年金に加入すると、税金が安くなるため、その節税分を利益として考えれば、相当コストパフォーマンスが高いものになるのです。

確定拠出年金（個人型〈54ページ〉、および企業型〈61ページ〉で個人拠出した場合）は、三度に渡って節税ができます。

それは次の通りです。

①掛金が全額所得控除となる（所得税・住民税を減らせる）
②年金運用で利益が出たとき、それが非課税となる（運用益にかかる約20％の税金）
③年金として受け取るときも、所得税、住民税の優遇措置が受けられる。

ポイント

・確定拠出年金は、金融商品としてコストパフォーマンスが高い。
・なぜかというと、大きな節税になるため。
・確定拠出年金（個人型、および企業型で個人拠出した場合）は、「掛けるとき」「運用するとき」「受給するとき」の三度に渡って税金が安くなる。

「掛け金が所得控除になる」という意味

「確定拠出年金が三度に渡って節税になる」

ということについて、一つずつ説明していきましょう。

まずは、「掛け金が全額所得控除になる」ということから。

「掛け金が全額所得控除になる」というのは、確定拠出年金に掛けたお金が、税金のかかる所得から差し引けるということです。もちろん、その分、税金が安くなります。

自分で普通に老後資金を用意するときの場合と比較してみましょう。

自分で老後資金を用意する場合、当然のことながら自分の収入の中から、積み立てることになります。

ところが、この自分の収入というのは、あらかじめ所得税や住民税が課せられています。つまり、自分が自由に使える収入というのは、所得税や住民税を支払った残りなのです。


もし毎月1万円を積み立てるとすれば、平均的なサラリーマンでだいたい1000〜2000円の税金がかかります。つまり、毎月1万2000円くらいを使って、1万円を積み立てることになるのです。

サラリーマンの方は、税金を先に引かれますので、なかなか自覚がないと思いますが、自分が使うお金というのは、常に税金が差し引かれた後のものなのです。

だから、自分では1万円を使ったつもりであっても、税金分を含めれば1万

1000～2000円を払っていることになるのです。物を買うときは、さらに消費税がかかります。

それが、確定拠出年金だと税金がかからないので、1万円積み立てた場合、その1万円には所得税も住民税もかかってきません。つまり、1万円積み立てるときには、1万円だけを使えばいいということになるのです。

その時点で、自分で貯蓄するよりも、1～2割有利になるということです。

でも、サラリーマンの方は、税金が安くなるといわれてもあまりピンとこないでしょう。

税金が安くなるというのは、具体的にどういうことになるかというと、税金が還付されるのです。

サラリーマンは、所得税、住民税があらかじめ給料から引かれています。

だから、確定拠出年金に加入すれば、その掛け金分の税金が後から戻ってくること（還付）になるのです。税金を還付してもらうには、税務署に確定申告をする必要がありますが、それも非常に簡単です（詳細は91ページへ）。

ポイント

・自分が稼いで使う収入には、通常、所得税と住民税が課せられているが、確定拠出年金には課せられない。

・確定拠出年金に加入すれば、平均的な収入の人で、掛け金のだいたい15％の税金が還付される。

運用益も非課税！

次に②の「運用益が非課税」ということについてご説明します。

あまり知られていないのですが、通常、お金を貯蓄したときの利子や、投資をして得た運用益には、約20％の税金がかかります。これらの税金は、金融機関で源泉徴収されるので、気づいていない人が多いのです。

でも、利子や運用益に、20％も課税されるというのは、けっこう大きいはずです。大金持ちならばいざしらず、我々が老後資金を貯めるようなレベルで、税金が20％も取られるのですから。

たとえば、もし１００万円の利子を受け取ったり、資産運用で１００万円の利益が出たりしたような場合、20万円の税金が差し引かれるのです。

この税金も、確定拠出年金ならまったくかかりません。

何度か触れたように、確定拠出年金というのは、原則として自分の年金資金を自分で運用する仕組みになっています。

元本保証型にしても、多少の運用益は出るでしょう。この運用益や利子に対して、まったく税金がかからないのです。

運用益や利子は、そのまま元本に組み込まれ、複利的に資産が蓄積されていくことになります。

もし確定拠出年金ではなく、普通の資産運用であれば、この運用益、利子に対して税金が取られるのです。

ポイント

・通常の預貯金の利子や金融取引の運用益には、約20％の税金が課せられる。
・しかし、確定拠出年金の利子、運用益には税金が課せられない。

受け取るときも税金が安い

では、節税効果の③「年金を受け取るときも税金が安い」ということについてご説明しましょう。

まず確定拠出年金の受取方法について、確認しておきます。

確定拠出年金は、原則として60歳以上で年金（分割）、もしくは一時金として受け取ることになっています。死亡したときなどに途中で一時金としてもらえる制度もありますが、通常は、60歳以上にならないともらえません。

ところで、ご存知のように、日本の国民は収入を得た場合には、原則として所得税、住民税を払わなければなりません。

それが、公的年金の収入に関しては、税金が優遇されているのです。

公的年金は、給与収入などに比べて、課税最低額が高く設定されています。

そして、確定拠出年金の受取でも、公的年金と同様の優遇措置が受けられるのです。

27ページの表のように65歳未満の人は、公的年金を70万円以上もらえば、税金がかかるようになります。ですが、すべての人には基礎控除が38万円ありますので、基礎控除と合計して１０８万円までの収入には所得税がかかりません。

しかも、これは、一人あたりの年金受給額の話です。夫婦二人それぞれが年金を受給していれば、それぞれに非課税枠があります。となると、夫婦二人で、２１６万円までは税金がかからないことになるのです。サラリーマンの場合、１０３万円以上の収入があれば税金がかかるので、この時点で、すでにサラリーマンより有利なのです。

そして65歳以上の人は、さらに優遇されてきます。

公的年金が１２０万円以上でないと課税されません。これに基礎控除が38万円ありますので、１５８万円以上でないと税金はかからないことになります。

夫婦二人の場合、非課税枠が倍になりますので、最高３１６万円までは税金はかからないのです。

また税金には、社会保険料控除などもあります。これは、支払った社会保険料の額は、全額収入から控除できるという制度です。この社会保険料などを合わせると、年間１８０～２００万円程度の年金をもらっていても税金はかからないことになります。夫婦二人では、最高４００万円くらいまでは税金がかからないのです。

普通のサラリーマンの場合、そうはいきません。

年間400万円程度の給料をもらっていれば、所得税、住民税を含めて少なくとも50万円程度の税金を払わなければなりません。

この公的年金の税制優遇措置を、確定拠出年金でも享受できるというわけです。

こういう具合に、確定拠出年金というのは、非常に有利な老後資金の蓄財方法なわけです。

ポイント

・確定拠出年金は、受給するとき、税金の上では「公的年金」という扱いになる。
・公的年金は、税金の上で非常に優遇されており、確定拠出年金もそれを享受することができる。
・特に65歳以上の場合、税金は非常に安くなる。

公的年金等に係る雑所得の速算表（平成17年分以後）

年金を受け取る人の年齢	(a)公的年金等の収入金額の合計額	(b)割合	(c)控除額
65歳未満	（公的年金等の収入金額の合計額が70万0,000円までの場合は所得金額はゼロとなります。）		
	70万0,001円から129万9,999円まで	100%	70万0,000円
	130万0,000円から409万9,999円まで	75%	37万5,000円
	410万0,000円から769万9,999円まで	85%	78万5,000円
	770万0,000円以上	95%	155万5,000円
65歳以上	（公的年金等の収入金額の合計額が120万0,000円までの場合は、所得金額はゼロとなります。）		
	120万0,001円から329万9,999円まで	100%	120万0,000円
	330万0,000円から409万9,999円まで	75%	37万5,000円
	410万0,000円から769万9,999円まで	85%	78万5,000円
	770万0,000円以上	95%	155万5,000円

(注)例えば65歳以上の人で公的年金等の収入が350万円の場合、税金がかかる所得の計算は次のようになる。
350万0,000円×75%-37万5,000円=225万0,000円

一時金としてもらっても税金は安い

確定拠出年金は、60歳以上になったとき(最低10年以上掛けた場合)、一時金として一括受給することもできます。

そのときの税金も非常に優遇されています。

確定拠出年金の一括受給は、退職所得としての税制が適用されます。

退職所得というのは、税制上で、非常に有利なのです。高額の所得控除がありますので、ほとんど税金はかからないのです。

所得控除の計算方法は、以下です。

勤務年数×40万円+勤務年数20年を超える年数×30万円

たとえば、30年勤務した人であれば、

30年×40万円+10年×30万円=1500万円

となります。

つまり、１５００万円までは税金がかからないのです。

そして、もし１５００万円を超えても、超えた額の2分の1だけが課税対象となるのです。

たとえば、30年勤務した人が１８００万円を受給したとすれば、

（１８００万円−１５００万円）×2分の1＝１５０万円

つまり、この人の課税対象は１５０万円でいいのです。１８００万円もらっても、課税対象となるのは、１５０万円だけということです。

ポイント

・確定拠出年金は、一時金としてもらうこともでき、その場合、税金の上では「退職金」として扱われる。

・退職金は、税金の上で非常に優遇されており、確定拠出年金もそれを享受することができる。

定期預金するよりも全然得になる！

では、確定拠出年金がどのくらい得になるのか、具体的に他の金融商品と比べてみたいと思います。

まずは「定期預金」から。

お金を貯める際に、一番手っ取り早くはじめられ、安全な金融商品なのが定期預金です。元本割れする心配もほとんどないし、普通の預金よりは利子が高くなっています。

だから、とりあえず貯金するときには定期預金にしている人も多いのではないでしょうか？

しかし、あまり気づいていないかもしれませんが、この定期預金には、二度、税金がかかっています。

一度目は、定期預金の資金を得る際です。

定期預金にするためのお金というのは、給料などの収入から調達したものです。サラリーマンならば、給料をもらって、生活費などを差し引いた余剰分を定期預金にあてると思います。

この給料には、所得税、住民税がかかっています。だから、定期預金に預けるお金というのは、所得税、住民税を払った後の残額であり、つまりは課税後のお金ということになるのです。

しかし、何度も触れましたように、確定拠出年金というのは、所得税、住民税がかかりません。だから、この時点で、所得税、住民税分を得していることになります。平均的なサラリーマンで、15％程度です。

そして、定期預金にはさらにもう一回税金がかかります。

それは、利子に対してです。

昨今の低金利時代では、定期預金などの利子は微々たるものです。が、それでも利子自体はあります。この少ない少ない利子に対して、20％もの税金が課せられるのです。それを考えれば利子などはないも同然ですよね。

この二つの税金分を考えれば、定期預金と確定拠出年金は、平均的なサラリーマンでも15～20％くらいの違いがあるといえます。

つまり、同じような負担であっても、定期預金ならば、月8000円しか貯まらないのに、確定拠出年金ならば、月1万円貯まるということになるのです。

これが何十年も積み重なれば、相当な差となるはずです。

ただし、確定拠出年金は、定期預金のようにいざというときに解約したり、数年間で満期になったりはしません。「貯蓄商品としての自由度」は低いのです。

しかし、老後資金の蓄積ということを考えれば、確定拠出年金に圧倒的に分があるわけです。

ポイント

・定期預金をするお金には、所得税、住民税がかかっているが、確定拠出年金では非課税となる。
・この所得税、住民税は、平均的なサラリーマンで、15〜20%。
・預金利子には約20%の税金が課せられるが、確定拠出年金は非課税となる。

NISAは最大で600万円しか運用できない

次に昨今、話題のNISA《ニーサ》と比較してみましょう。

老後の資金を蓄える際、単なる定期預金ではなく、もっと積極的に資産運用をしようと思っている人もいるでしょう。

そういう人たちが、まずアプローチするのが、NISAだと思われます。証券会社などが盛んに宣伝していますので、ご存知の方も多いでしょう。

NISAとは、どういうものか簡単にいえば、年間120万円までの投資であれば、そこから得た運用益や配当金（分配金）は非課税になる、という制度です。

現在、株などの収益には20・315％の税金がかかることになっています。それがゼロになるのです。

たとえば、もし100万円の値上がり益があった場合、本来は20万円程度の税金がかかるのですが、それがかからないわけです。

そして、NISAは、年間で120万円ずつ投資の枠がもらえ、最大枠が600万円となります。だから、最大600万円までの投資について、そこから得た運用益や配当金は非課税になるわけです。

逆にいえば、最大でも600万円までの投資しかNISAの対象にはならない、ということです。つまりプロの投資家などではなく、一般の少額投資家を対象とした制度だといえます。ありていにいえば、小金を貯めこんでいる人の預貯金を、株に投資させようということですね。

このNISAは、イギリスがつくった「ISA（個人貯蓄口座）」をモデルにしています。イギリスは、少額の個人投資を対象としたISAという制度をつくり、株式市場を活性化させました。なので、日本もそれにならったわけです。

ですが、このNISAが有効なのは5年間だけです。

どういうことかというと、1年目に120万円の投資をしたとします。この120万円の投資に対する利益が非課税になるのは、5年間だけなのです。6年目には税金がかかるのです。

なので、1年目の120万円分の投資は、そのまま持ち続ければ、税金がかかることになります。ただ6年目には、1年目の120万円の枠がなくなることで、120万円の枠が一つ増えます。だから、1年目に投資した株などを、新しい枠に取り込むという形で、そのまま持ち続けることも可能です。

まあ、とにかくＮＩＳＡというのは６００万円までの運用しかできないのです。６００万円の資産運用で手にできる収益というのは、うまくいってもだいたい年間10～20万円程度です。この10～20万円程度の利益に税金がかからない、というのがＮＩＳＡの最大のメリットです。

節税額にすれば、年間でたかだか２～４万円に過ぎません。

ポイント

・ＮＩＳＡは最大で６００万円までの運用しかできない。
・ＮＩＳＡは投資で得た収益に課税はされない。
・節税できる金額は年間でだいたい２～４万円程度。

ＮＩＳＡよりも確定拠出年金のほうがはるかに得をする

一方の確定拠出年金です。

確定拠出年金は、実は、「投資」という側面も持っています。

確定拠出年金は、「年金資産を自分で運用する」という建前があります。自由に株の売買などはできませんが、金融機関が用意した投資信託商品を選別したり、運用する商品などを変更したりすることで、株の取引に近いような資産運用をすることができます。

筆者は、一般の方には株などでの資産運用はあまり薦めていないので、確定拠出年金では元本保証型の金融商品に投資すべきと思っていますが、ちゃんと勉強して積極的に投資運用を行いたいという人には、そういう商品が揃えられているのです。

しかも、確定拠出年金は、税制上で、ＮＩＳＡよりも圧倒的に有利です。

というのも、ＮＩＳＡで投資をする場合、投資するお金というのは、所得税、住民税がかかっています。

たとえば、給料の中から年間50万円を投資する場合、この50万円は所得税と住民税が課せられた後の残額です。平均的サラリーマンで、所得税、住民税は15％程度かかっていますから、50万円の投資資金を捻出するには、60万円程度の給料を割くことになるのです。

それが、確定拠出年金の場合、「投資」するお金には、まったく税金はかかっていません。50万円を投資する場合は、50万円の給料を割くだけでいいのです。この時点ですでに、かなり大きな差があります。

しかも、資産運用に関する税金も同様です。

NISAは、運用益については非課税となっていますが、「5年間」「600万円」という縛りがあります。

しかし、確定拠出年金にはそういう縛りは一切ありません。何年間だろうと、何千万円だろうと、確定拠出年金を運用する場合には、運用益に税金はかからないのです。

だから、運用益でガッポガッポ儲けようと思っている人にとっても、確定拠出年金は、スグレモノなのです。

ただし、NISAと確定拠出年金を比べた際に、確定拠出年金の最大のデメリットは、「あくまで年金である」ということです。何度か触れましたが、確定拠出年金は普通の投資のように、自由に売買して簡単にお金を引き出すことはできないのです。

だから、本当に投資だけが目的の人、将来の年金蓄積ではなく現在の投資だけを考えている人は、NISAを選ぶべきということになります。

ポイント

・NISAに投資するお金には、所得税、住民税が課せられているが、確定拠出年金には課せられていない。
・確定拠出年金は投資で得た収益にも、税金は課せられない。
・投資で儲けたいという人にとっても、確定拠出年金は有利な制度。

個人年金よりも確定拠出年金のほうが圧倒的に得

最後に、民間の個人年金と比べてみます。

老後の資金のために、民間の個人年金に加入している人もかなりいるかと思われます。ですが、それほど知られているものではないので、ここで、民間の個人年金について、説明しておきますね。

民間の個人年金というのは、毎月一定額を積み立てておけば、老後（60歳以上など保険によって支給年齢は違う）に一定額をもらえるというものです。「毎月いくらずつ、何年間もらえる」というような仕組みです。

終身年金のタイプなどもあります。

これは、死ぬまで一定の年金がもらえるという商品です。仕組みとしては、公的年金と同じです。これに入っておけば、一定年齢（65歳など）以降に年金としてお金がもらえるのです。

この終身タイプの年金は、平均寿命よりも少し長生きすれば、元が取れるような設定になっています。だから、長生きすればするだけ得をするという保険です。

また5年保証、10年保証などが付けられた商品もあり、この場合、早く死亡した場合でも、保証期間分の年金は遺族がもらえるということになっています。

そして、個人年金には、若干の所得控除（税金優遇）があります。

年間8万円以上の保険料を払い込んでいれば、４万円の個人年金保険料控除が受けられるのです。これが最高額です。

これ以上掛け金を増やしても控除額は増えません。

また住民税は、年間5万6０01円以上の保険料の払い込みをしていれば、２万8０００円の個人年金保険料控除を受けられます。住民税はこの金額が最高額で、これ以上掛け金を増やしても控除額は増えません。

つまり、年間の掛け金が８万円以上の個人年金に加入していれば、所得税、住民税合わせて最高で6万8000円の所得控除を受けられることになります。

これは戻ってくる税額に換算すると、平均的サラリーマンで年間だいたい1万円程度です。


これを確定拠出年金と比較してみましょう。

確定拠出年金の場合、全額が所得控除されますので、絶対に有利になります。

毎月2万円を掛ける場合、平均的サラリーマンであれば、年間で4万円前後の節税になります。

確定拠出年金の登場で、民間の個人年金の価値は、ほとんどなくなったとさえいえます。ただ、民間の個人年金の場合、もしものときには、解約することも可能なので(解約手数料が非常に高くつきます)、その点は、確定拠出年金よりも使い勝手はいいと思います。

それでも、「老後資金の構築」という目的で考えた場合は、圧倒的に確定拠出年金のほうが有利だといえます。

もし、確定拠出年金に満額入っていて、それ以上、年金が欲しいという場合は、民間の個人年金に入ってもいいでしょう。

所得税の個人年金控除の計算方法

年間払込保険料	控除額
～2万円	支払保険料全額
2万0,001円を超え4万円	支払保険料÷2＋1万円
4万0,001円を超え8万円	支払保険料÷4＋2万円
8万0,001円～	4万円

住民税の個人年金控除の計算方法

年間払込保険料	保険料控除額
～ 1万2,000円	支払保険料全額
1万2,001円～3万2,000円	支払保険料÷2＋6,000円
3万2,001円～5万6,000円	支払保険料÷4＋1万4,000円
5万6,001円～	一律 2万8,000円

「個人年金保険料税制適格特約」の条件

1.年金受取人がご契約者またはその配偶者である。
2.年金受取人が被保険者と同一人である。
3.保険料の払込期間が10年以上である
（一時払のご契約には付加できません）。
4.年金の種類が確定年金の場合、つぎのすべてに該当している。
●年金支払開始日における被保険者の年齢が60歳以上であること。
●年金保障期間が10年以上であること。

ただし、個人年金の所得控除を受けるには、個人年金に「個人年金保険料税制適格特約」を付加しなければなりません。もし加入されるときは、個人年金保険料税制適格特約が付加されているかどうかを確認しておきましょう。

ポイント

・民間の個人年金にも所得控除があるだ、上限が年間7万円程度であり、確定拠出年金よりもかなり低い。
・確定拠出年金を満額掛けた上で、さらに年金が欲しい場合などに、入るのは有効。

節税以外の確定拠出年金のメリット

確定拠出年金には、節税以外のメリットも多々あります。それをここで整理しておきますね。

メリット1　公的年金や加入者本人が運用の方法を決めることができる

これまでの企業年金などでは、年金の運用は企業や運営側に任されており、加入者はまったく関与できませんでした。

確定拠出年金では、加入者本人が運用方法を決めることができます。そして、運用がうまくいけば、年金額を掛け金以上に増やすこともできます。

つまり、「自己責任」的な要素が強まったということです。これには、デメリット面もありますが、元本保証型の商品を選ぶことで、そのリスクはカバーできます（詳細は後述）。

メリット２　加入者が年金額の管理を自分でできる

自分で掛けた年金の額とその運用実績について、加入者は常に自分でチェックすることができます。自分は今、いくら年金をかけていて、将来いくらもらえることになる、というのが明確にわかるのです。

公的年金制度は、少子高齢化社会を反映して、たびたび支給額や支給方法などが変わるので、将来もらう側としては「どの程度あてにしていいかわかりづらい」という面があります。それが、確定拠出年金にはそういう不確定要素がほとんどないのです。

メリット3　一定の要件を満たせば、離転職に際して年金の持ち出しができる

企業年金などでは、定年前に離職、転職などをすれば、年金の持ち出しができにくくなっています。が、企業型確定拠出年金の場合は、3年以上勤務していれば、ほぼ持ち出しが可能なのです。

確定拠出年金のデメリット

確定拠出年金にもデメリットはあります。それも、ここで整理しておきましょう。

デメリット1　老後に受け取る年金額が事前に確定しないこと

確定拠出年金は、原則として掛け金を自分で運用することになっています。だから、運用次第で金額が変わってきます。老後に受け取る金額も、運用次第で変わってくるのです。

デメリット2　運用するための知識が必要であり、損をすることもあること

年金資産を自分で運用するとなると、当然のことながら、それなりの知識が必要になってきます。また、運用方法によっては損をする（元本割れする）場合もあります。

ただ、元本保証型の商品もあるので、それでリスクを回避することもできます。

デメリット3　原則60歳まで途中引き出しができないこと

確定拠出年金を引き出す場合、原則として、60歳以降に年金としてもらわければならない、ということです。つまり、定期預金や株のように、途中で換金することはできないのです。

でも、そもそも年金の積み立てという趣旨をもっている制度ですし、そのために税の優遇措置もあるわけですから、これはデメリットというより、当然の条件ともいえるでしょう。

「年金なのだから60歳から受け取るのは当たり前じゃないか」

と思う人もいるでしょう。

まあ、最初から年金として見ていれば、その通りですし、デメリットでもなんでもないわけです。

ただ、「資産蓄積」ということで考えれば、他の財テクのように、途中で引き出すことはできないのは、デメリットといえるでしょう。

以前は、確定拠出年金も、中途退職時などには、一時金を受け取ることができました。それが、2017年の改正により、原則として、60歳以降での受取以外は認められなくなったのです。

もちろん、年金としては、まったく当たり前のことですし、デメリットでもなんでもないわけです。

デメリット4　勤続期間が3年未満の場合には、年金資産の持ち運びができない可能性があること

企業型確定拠出年金では、勤続期間が3年未満の場合には、年金資産の持ち運びができない可能性があります。

つまり3年未満でその会社を辞めたような場合は、自分の年金の掛け金は他に持ち出すことができない可能性があるということです。

ただ、これはこれまでの企業年金でも同様であり、むしろ、3年以上の場合には持ち出しが可能となっただけでも、確定拠出年金のほうが普通の企業年金よりもかなり使い勝手がよくなっているといえます。

デメリット5　年金残高に税金がかかるかもしれないこと

実は、確定拠出年金の年金資産残高に対して、現在の税法では、特別法人税（1・173％）が課税されています。この1・173％の内訳は国税1％＋地方税0・173％です。

もし、1000万円を掛けているとすれば、毎年11万7300円もの税金を取られてしまうのです。

ですが、この特別法人税は、確定拠出年金の導入以来2017年3月末まで課税が凍結されています。この凍結は、今後も続くと思われます。

なぜなら、現在、金利は非常に低いので、1％も課税されれば、ほとんど赤字になってしまうからです（運用で相当に稼がない限りは）。

しかし、本来は、1％程度の課税がされているものであり、今後、金利が上がれば、課税される可能性もでてくるということです。

第2章

確定拠出年金の基本的な仕組み

確定拠出年金とは？

ここまで確定拠出年金について、ぼんやりと見えてきたかと思われますが、本章では、改めて体系的に確定拠出年金の仕組みをご紹介していきたいと思います。

確定拠出年金というのは、個人（もしくは会社）で年金の積み立てを行い、その年金資金の運用を自分で行うというものです。

運用の成果は、その人の老後の年金受取額となります。

従来の公的年金と違う主な部分は、

・掛け金が個人ごとに明確に区分されている

・その人が掛けたお金とその運用益のみが将来年金として給付される

ということです。

従来の企業年金などでは、個人ごとに明確に区分されていませんでした。また、公的年金には国の補助金が入れられていますが、その一方で、各人の掛け金や立場などによって、受給金額がまちまちであり、不透明感がありました。

そして、公的年金というのは、会社や個人から集めた年金を、年金運営組織が一括管理し、運用も行います。年金運営組織は、年金資金で国債を買ったり、投資を行ったりするわけです。

それは、損が出ることもあるのです。

また、たびたび掛け金の額や受給条件が変わります。

我々が、年金をもらう時期になったとき、どの程度の年金がもらえるのか、なかなかはっきりしません。今40代以下の世代は、年金をまともにもらえないのじゃないか、という説もあります（筆者はこの説には与しませんが）。

それらの弊害を、修正、補完するためにつくられたのが、確定拠出年金といえます。

確定拠出年金の場合、自分で年金資産を管理するわけですから、他者の都合で年金額が増減したり、受給条件が変わったりすることはありません。

確定拠出年金というのは、年金という名はついていますが、実質的には自分の財産を自分で蓄積し、管理するのと同様なのです。

「自分の年金は自分で確保してもらおう」

という国の意向が反映されたものですが、国民にとっても、自分の積み立てたお金を自分で管理することができるので、安心でもあります。

ただ自分で管理するということは、それなりに大変なことでもあります。特に、確定拠出年金の場合は、運用まで個人に委ねられているので、下手をすると大損することにもなりかねません。

しかも、国は補助を出してくれないのです（その代わりに税控除があります）。「国は一切責任を持たない」ということでもあるのです。

つまりは、自己責任型公的年金といえるのです。

ポイント

・確定拠出年金は、自分の掛け金とその運用益だけをもらえる年金（国からの補助はない）。
・年金の受給額は個人の責任であり、国は一切責任を持たない。

確定拠出年金には2種類ある

そして、確定拠出年金には、会社が加入する「企業型確定拠出年金」と、個人が加入する「個人型確定拠出年金」の２種類があります。

企業型確定拠出年金というのは、会社が従業員のために掛け金を拠出し、年金として運用するというものです。

企業が、金融機関を窓口にして、確定拠出年金に加入するのです。

この企業型確定拠出年金は、個人では入れません。つまり、会社がこれに入っていなければ、個人で利用することはできないのです。掛け金も会社が決めます。

が、この企業型確定拠出年金にも、社員が個人的に掛け金を上乗せすることができます（詳しくは１０８ページ）。

一方、個人型確定拠出年金というのは、個人として確定拠出年金に加入し、個人で運用するというものです。

当初は、企業年金や企業型確定拠出年金がない人を主な対象としていましたが、

２０１７年の改正により、一部のサラリーマンを除いて、ほとんどの人が加入できることになりました。

この個人型確定拠出年金は、個人個人が、金融機関で加入契約をすることになります。もちろん、金融商品の選択も自分で行うことになります。

完全に自分で設計し、自分で構築する年金だといえます。

ポイント

- 確定拠出年金には、企業型と個人型の2種類がある。
- 企業型は、会社全体で加入し、原則として会社が掛け金を負担する。
- 個人型は、個人が自分で加入し、掛け金、運用等のすべてを自分で行う。

個人型確定拠出年金とは？

まず、個人型確定拠出年金の仕組みについて、ご紹介します。

個人型確定拠出年金は、次のような仕組みになっています。

1　自分で運用

個人型確定拠出年金は、個人が加入し、運用も加入者が自分で行います。運用する金融商品は、金融機関が、預貯金、保険商品、投資信託、信託等などさまざまな商品を提示していますので、その中から選択することになります。

前述しましたように運用が苦手というような人には、元本保証型の商品もあります。

2　掛け金は全額、所得控除対象となる

何度か触れましたように、個人型確定拠出年金の掛け金は、全額が所得控除の対象となります。これにより、所得税、住民税が安くなります。

3　引き出しは60歳までできない

個人型確定拠出年金は、原則として60歳になるまで引き出すことができません。これは年金だからです。年金だからこそ、税制優遇措置があるわけです。

4　掛け金の額は途中で変更することができる

掛け金の額は年に１回変更することができます。

だから、加入した後、掛け金が多すぎて生活に負担がかかるような場合、もしくはもっと掛けてもいいと思ったような場合は、自分の生活に応じて変更すればいいのです。

5 手数料などがかかる

個人型確定拠出年金は、加入して金融商品を申し込むときに手数料がかかったり、口座管理費などがかかったりします。確定拠出年金は、金融機関に依頼するという形になっているからです。

そして、この手数料は、金融機関によって多い少ないがあります。

企業型確定拠出年金にも、手数料はかかっていますが、それは会社が払っているものであり、社員本人にはそれを増減させたりはできません。

手数料等については、国民年金基金連合会や金融機関で確認できます。

国民年金基金連合会のサイト

http://www.npfa.or.jp/401K/operations/

個人型確定拠出年金は人によって限度額が違う

個人型確定拠出年金は、人によって限度額が変わってきます。限度額は次のようになっています。

・自営業など（サラリーマン、主婦以外）…月額6万8000円
・主婦…月額2万3000円
・公務員…月額1万2000円

民間のサラリーマン

・会社に企業年金も企業型確定拠出年金もない場合…月額2万3000円
・会社に企業年金はないが企業型確定拠出年金がある場合…月額2万円
・会社に企業年金も企業型確定拠出年金もあるが個人拠出ができない場合…月額1万2000円
・会社に企業年金も企業型確定拠出年金もあり個人拠出もできる会社…加入できない

掛け金を自由に設定できる

個人型確定拠出年金の掛け金は5000円以上1000円単位で任意に設定できます。掛け金の額は毎年4月から3月の間で1回のみ変更することができます。

掛け金および積立金の運用

加入者本人が運用商品を選択します。加入者本人が運用関連運営管理機関を選択し、そこから選定・提示された運用商品に関する情報提供を受けて運用商品を選択するのです。

運用の指図は加入者等が記録関連運営管理機関に行い、積立金は国民年金基金連合会から委託を受けた信託銀行（事務委託先金融機関）が管理します。

受給方法

確定拠出年金は、原則として60歳以上になったときに、受給できるようになります。この受給の条件は、個人型確定拠出年金も企業型確定拠出年金も同じです。

受給の方法は、次の6通りです。

①老齢給付金（年金）

受給資格が生じたとき（10年以上の加入の場合、60歳以上）、年金として受給します。

この老齢給付金については、公的年金と同様の税金優遇制度があります。

②老齢給付金（一時金）

受給資格が生じたとき（10年以上の加入の場合、60歳以上）、全額を一時金として受給します。この一時金については、退職所得として税金優遇制度があります。

③障害給付金（年金）

高度障害を負ったときに、年金として受給できます。受給金額については非課税です。

④障害給付金（一時金）

高度障害を負ったときに、一時金として受給できます。受給金額については非課税です。

⑤死亡一時金

受給する前に当人が死亡したとき、遺族が一時金として受給します。これは相続財産としてカウントされ、相続税の対象となります。

⑥脱退一時金

一定の条件で脱退するときに一時金として受給するものです。一時所得として課税され、特別控除（年額最高50万円）が適用されます。

企業型確定拠出年金とは？

次に、企業型確定拠出年金の仕組みについて、ご説明します。

企業型確定拠出年金とは、企業年金が進化したようなものです。

厚生年金の他に企業年金をつくっているところも多くあります。

企業年金の基本は、企業が掛け金を出すというシステムです。厚生年金では足りない部分を企業年金で補おうということです。

その企業年金の中に、個人の自助努力による「資産形成」を組み込んだのが、企業型確定拠出年金だといえます。


企業年金と企業型確定拠出年金は、明確に違う点があります。

企業年金というのは、会社が社員のために積み立てているものですが、原則として「会社のお金」という建前があります。

退職まで会社のために貢献した社員が、その褒賞として、もらえるものです。

途中で退社したり、会社がつぶれたりしたら、ほとんどの場合、もらえなくなるものです。

しかし、企業型確定拠出年金の場合は、会社は各社員ごとの口座をつくってそこに年金を積み立てています。

だから、退社した場合でも、その口座に積み立てられた年金は、原則としてその社員のものということになります。会社が倒産しても、その口座は残ります。より、社員のためになったといえます。

企業型確定拠出年金というのは、以下のような制度です。

1会社が掛け金を負担

会社が毎月、一定の掛け金を社員の個人別口座に拠出します。この口座は、明確に区分されており、原則としてその社員個人の年金資産ということになります。

2運用は社員が自分で行う

社員は、提示された運用商品の中から自分で選択し、会社が出してくれた拠出金で購入します。その掛け金と運用益が、自分の年金資産になるわけです。

3 年金として受給

ここで蓄積されたお金は、原則として60歳になったら、年金または一時金として受け取ることができます。転職したような場合は、口座を持ち出すことができます。

企業型確定拠出年金でも社員が自分で運用する

企業型確定拠出年金は、会社が加入するといっても、企業年金のように会社が運用まで行うわけではありません。

会社は金融機関を通して確定拠出年金に加入し、掛け金までは支払ってくれます。しかし、そこで掛けられた各人の年金資産については、各人が自分で運用しなくてはなりません。

提示された金融商品の中から、自分で適切なものを選択し、運用しなくてはならないのです。

もちろん、うまく行けば年金資産は大きくなりますし、失敗すれば損をすることになります。

ただ、金融機関が提示する金融商品の中には、だいたい元本保証された定期預金的なものが含まれています。だから、資産運用が苦手、もしくは面倒くさいというような人は、そういう安全な金融商品を購入しておけばいいのです。

まあ、この辺は、企業型確定拠出年金のある会社に勤務されている方は、ご存知だとは思われますが。

ポイント

・企業型確定拠出年金では、会社は運用は行わず、金融商品の提示を行うだけ。
・社員は、提示された金融商品の中から自分で選択する。
・提示された商品の中には、だいたい元本保証型の安全商品が含まれている。

中小企業も企業型確定拠出年金に入りやすくなった

企業型確定拠出年金は、企業にとっても、スグレモノです。

企業年金と違って、資産の運用を社員個人が行いますから、運用結果について会社は責任を負わなくていいわけです。

また、企業は、税制上の優遇措置も受けられます。退職金を積み立てるよりも、企業型確定拠出年金に加入して、退職金代わりにするほうが、よほど有利なのです。

ですが、大きなネックがありました。

企業型確定拠出年金には、さまざまな事務手続きが必要となっているのです。だから、経営基盤の弱い中小企業はなかなか入れるものではありませんでした。

それが、2017年の改正により、若干改善されるようです。

中小企業（従業員100人以下）を対象に、設立手続き等を大幅に緩和した「簡易型DC制度」が創設されたのです。これにより、中小企業でも企業型確定拠出年金に入りやすくなりました。

また、企業型確定拠出年金に加入していない企業でも、社員が個人型確定拠出年金に加入していれば、事業主がこれに若干の拠出をできるという制度も創設されます。これは「個人型確定拠出年金への小規模事業主掛金納付制度」というもので、従業員100人以下の中小企業が対象となっています。

これにより、経営体力的に企業型確定拠出年金に加入するまではできなくても、従業員の年金のために、若干の補助をする、ということができるようになったのです。

ポイント

・2017年の改正で、企業型確定拠出年金の中小企業の加入手続きが簡素化され、中小企業でも入りやすくなった。

・2017年の改正で、社員が個人型確定拠出年金に入っている場合、会社が掛け金の上乗せをできる制度がつくられた。

なぜ政府はもっと宣伝しないのか？

確定拠出年金というのは、これほど素晴らしい制度でありながら、今一つ、国民の間で浸透していません。

導入されて15年が経つというのに、加入者数は、企業型約550万人、個人型は約26万人（国民年金加入者約7万人、厚生年金加入者約19万人）です（平成28年3月末）。

政府もあまり宣伝していません。

なぜかというと、おそらく、確定拠出年金をあまりに大々的に使われると、税収が減るためだと思われます。

政府が自分でつくっておいて、税収が減るので宣伝しないというのは、おかしなことではありますが、官庁というのはそういうものなのです。官庁の中でも、確定拠出年金を広げたいと思っているところと、そう思っていないところがあるのです。

また、金融機関も、確定拠出年金にあまり乗り気ではありません。

一つは、金融機関にとって、確定拠出年金はあまり旨みがないからです。

確定拠出年金では投資信託の手数料が低く設定されています。手数料が低いということは、金融機関の取り分が少ないということです。

ＮＩＳＡではあれほど宣伝合戦を繰り広げていたにもかかわらず、確定拠出年金についてはほとんど宣伝をしないのは、このためです。

また、確定拠出年金は民間の個人年金ともろに競合します。

保険会社などは、客が取られるわけなので、面白くないわけです。

つまり、政府や民間金融機関があまり宣伝していないということは、それほど一般の人たちへの旨みが大きいということなのです。

だから、これを使わない手はないのです。

ポイント

・政府は税収に影響するためか、確定拠出年金についてあまり大々的に宣伝していない。

・金融機関も、手数料などが安く旨みが少ないために、確定拠出年金にあまり力を入れていない。

第3章

加入方法、商品の選び方

手続きは非常に簡単

　これまで、確定拠出年金がいかに有利であるか、老後生活に不可欠なものであるかをご紹介してきました。

　ですが、確定拠出年金には「自己責任」という建前があります。

　確定拠出年金に入るためには、自分で手続きをしたり、資産運用をしたりしなければなりません。それがネックになって、確定拠出年金をスルーしている人も多いかと思われます。

　しかし、確定拠出年金に入るのは、簡単です。

　また、確定拠出年金には「投資」というイメージもあり、それがハードルになっている人も多いようです。確定拠出年金は、年金資産を自分で運用しなければならず、それは元本割れの危険もある、ということがよくいわれます。確かに、それはその通りなのですが、まったく安全に運用する方法もあるのです。

　何度か触れましたように、定期預金のような元本割れしない金融商品に投資することもできるのです。

資産運用というと、何か非常に難しいことのようなイメージがありますが、損をしないということだけを目的にするならば、至って簡単なのです。

この章では、確定拠出年金に入るための具体的な手続きや、商品の選択方法などを述べていきたいと思います。

ポイント

・確定拠出年金に入る手続きは簡単。
・資産運用は、「損をしない」ということだけを目的とするならば、至って簡単。

窓口金融機関を選ぶ

確定拠出年金に入るには、まず窓口になる金融機関を選ばなくてはなりません。

確定拠出年金は、金融機関を窓口にして加入します。

日本の大手金融機関（銀行、証券会社など）のほとんどは、確定拠出年金を取り扱っています。また、確定拠出年金だけを専門に取り扱っている金融機関もあります。

それらの中から、自分に合ったものを選ぶのです。

といっても、どれを選んでいいかよくわかりませんよね？

一番、手っ取り早いのは、手数料を基準に選ぶ方法です。

確定拠出年金の窓口金融機関の手数料は、各金融機関によってまちまちになっています。

初回だけにかかる口座開設手数料は、ほとんどの金融機関が２７７７円です。

これは国民年金基金連合会へ支払うもので、どこの金融機関でも発生します。これに金融機関によっては、プラスして独自の開設手数料を取る場合もあります。

そのため、開設手数料の合計が、３８５７円、６０１７円などになるところもあります。

また、毎月の掛け金から差し引かれる口座管理手数料等は、安いところで１６７円（年２００４円）、高いところで６４２円（年７７０４円）などがあります。

だから、その中から安いところを選ぶということです。

「定期預金商品」など、元本保証の商品を買うつもりであれば、こういう選び方で十分対応できると思われます。

また金融機関によっては、確定拠出年金にあまり力を入れていないところや、担当者が少ないところもあります。そういうところに加入してしまうと、後々、不便になることも考えられます。

いくつか金融機関をあたってみて、手数料が安く、確定拠出年金に熱心なところを選んでください。

ポイント

・確定拠出年金は、申し込み窓口が必ず金融機関になっている。
・確定拠出年金に入るには、窓口となる金融機関を選ばなければならない。

窓口金融機関は途中で替えることもできる

個人型確定拠出年金では窓口になっている金融機関は、途中で替えることもできます。

前述したように、個人型確定拠出年金は、自分で窓口の金融機関を選びます。そして、その金融機関が用意した金融商品を選択することになります。

ですが、金融機関が用意している金融商品は、各金融機関によってまちまちです。

また手数料も、今後は安い金融機関が増えるかもしれません。

だから、最初に選んだ金融機関を、後から替えたくなることも出てくるはずです。

そういった際も、すぐに替えることができるのです。

確定拠出年金では、金融機関を替えるときには原則として手数料がかかりますが、住宅ローンの銀行を替えるような複雑な手続きなどは生じないのです。

ただし、金融機関を変更する際には、その金融機関で購入していた金融商品はすべて売却し、現金資産に替えなくてはなりません。そして、新しい金融機関で新たに金融商品を買うことになるのです。

そして、変更手続きが終了するまでは、だいたい1ヵ月以上の時間がかかります。その間は、運用などができないことになります。

金融機関を替える際には、この2点だけ注意しておきましょう。

ポイント

・窓口金融機関は途中で替えることもできる。

・金融機関の変更には、１ヵ月くらいの時間がかかる。

手数料が高すぎる！

次に個人型確定拠出年金の手数料について、ご説明しますね。

実は、手数料がちょっと高いのです。

初回にかかる口座開設手数料は、ほとんどの金融機関が２７７７円です。ですが、プラスアルファをとる金融機関もあります。

また、毎月の掛け金から差し引かれる口座管理手数料等は、基本は１６７円（年２００４円）で、これもプラスアルファをとる金融機関もあります。だいたい、５～６０００円が平均といえます。

ためしに、三井住友銀行の手数料を見てみましょう（77ページ）。

この手数料は、標準的なものだといえます。

でも、これ、ちょっと高すぎますよね？

年間約６０００円もの手数料を取られるのですから。

確定拠出年金での節税額が１～２万円という人もけっこう多いはずなので、そういう人にとっては節税額の3～6割が、手数料で取られてしまうわけです。

しかも、給付時にも手数料はしっかりかかってきます。

給付されるころには、節税額はぐっと下がりますから、節税額と手数料がトントンになるケースや、中には手数料が節税額を上回るケースもでてくるはずです。

なんで、こんな高い手数料にしたんでしょうね、まったく。

確定拠出年金の唯一にして、最大の欠点はこの手数料だといえます。


実は、この手数料の一部は確定拠出年金の関係団体に流れているのです。

つまりは、霞が関の連中の天下り先にお金を回すために、手数料を異常に高く設定しているのです。

たとえば、国民年金基金連合会に対する手数料が、月103円もかかっていますが、この国民年金基金連合会というのは、厚生労働省などの天下り先になっている機関です。

本当に霞が関の奴らは、どうしようもないですね。

国民が得をする制度をつくるとき、必ず、ピンハネする仕組みをつくって、自分たちに利益を誘導するのです。いつか、彼らの悪業は徹底的に追及しなければならない

三井住友銀行の個人型確定拠出年金の手数料

手数料の種類	加入者	運用指図者、受給者
加入時の手数料	初回のみ2,777円	
国民年金基金連合会に支払う手数料	毎月 103円（年間1,236円）	
運営管理機関手数料（※１）	毎月 313円（年間3,756円）	年間3,756円
事務委託先金融機関手数料(※２)	毎月 64円（年間768円）	年間768円
受給手数料		受給のたび432円
合計	毎月 480円＋初回のみ2,777円（年間5,892円）	年間4,524円＋受給手数料

※2016年8月1日現在の消費税を含めた金額。
※１　金融機関が独自に受け取る手数料
※２　国民年金基金連合会からの委託手数料として金融機関が受け取る手数料

と思っておりますが、本書ではそれは趣旨ではないので、この程度でとどめておきます。

ですが、この手数料を払ったとしても、確定拠出年金にはまだ十分にメリットがありますから、使わない手はないのです。

それと、手数料は金融機関によってばらつきがありますので、窓口の金融機関を選ぶ際には、しっかり手数料も確認しておきましょう。

ポイント

・確定拠出年金の手数料はちょっと高い。
・手数料の一部は、官僚の天下り先に流れている。

・手数料は金融機関によってまちまちなので、加入するときにしっかり確認しておきたい。

個人型確定拠出年金の商品の例

では、個人型確定拠出年金の商品（三井系）の例をご紹介しますね。筆者は特に三井系の商品を推奨しているわけではなく、紹介するときに整理しやすかったので、取り挙げているというだけです。

ほかにも、ほとんどの金融機関が、確定拠出年金を扱っていますので、じっくり内容を調べて自分に合うものを選んでください。

個人型確定拠出年金の金融商品は、大きく分けて「元本保証系」と「投資信託系」があります。

元本保証系は、その名のとおり、元本を保証してくれる商品で、株式などではなく、定期預金や生命保険などに投資する商品です。大きな運用益は期待できませんが、元本は保証されます。また、大きな運用益が得られないといっても、定期預金程度の利息は得られますし、その時々の金利を反映しますので、インフレ対策にもなります。

投資信託系の商品もその名のとおり、年金の掛け金を投資信託に投資するというものです。投資信託の内容は、日本株や外国株など、特定のテーマを定めて分散投資をするものが多いです。この投資信託は、うまくやれば大きな収益を得ることができますが、元本割れのリスクがありますし、それなりの研究が必要となります。

ポイント

・確定拠出年金の金融商品には、大きく分けて「元本保証系」と「投資信託系」がある。
・元本保証系は、大きな運用益は期待できないが、その時々の金利を反映するので、インフレ対策にはなるし、元本割れもしない。
・投資信託系は、大きな運用益が期待できるが、元本割れの危険があり、それなりの研究が必要。

元本確保商品を活用しよう!

確定拠出年金の金融商品を選ぶ際、もし特にあてがない場合は、元本保証型商品を選びましょう。

次のページの表のように、元本保証型商品はたくさんあります。

ほとんどが、預金や保険などなので、利率的には非常に低いものです。だから、増やそうと思っても、そうは増えません。

ですが、確定拠出年金は別に増やそうと思わなくていいのです。

節税分だけを考えても、十二分にメリットがあるからです。これまで述べてきましたように、確定拠出年金は、掛け金の所得税、住民税が還付されますので、平均的サラリーマンで15%もの節税になります。この節税メリットを享受できれば、確定拠出年金に入る意味はあるのです。

むしろ、下手に投資信託などに手を出して、元本割れになってしまえば、節税メリットの分がパーになってしまいます。

だからまずは、節税メリットをきちんと享受することを第一に考えましょう。

元本保証型商品

三井住友銀行	住友生命	三井住友海上	J-PEC
・三井住友銀行確定拠出年金定期預金（3年） ・三井住友銀行確定拠出年金定期預金（10年）	・積立生命保険スミセイDCたのしみ年金5年 ・積立生命保険スミセイDCたのしみ年金10年 ・積立生命保険スミセイの積立年金（5年） ・積立生命保険スミセイのスーパー積立年金（10年）	・三井住友海上・積立傷害保険（5年） ・三井住友海上・積立傷害保険（10年・無配当）	・三井住友銀行確定拠出年金定期預金（3年） ・三井住友銀行確定拠出年金定期預金（10年） ・積立生命保険スミセイDCたのしみ年金5年 ・三井住友海上・積立傷害保険（5年）

※2016年9月12日現在

投資信託商品

三井住友銀行	住友生命	三井住友海上
・三井住友・DC日本株式225ファンドS ・大和住銀DC日本株式ファンド ・大和住銀DC海外株式アクティブファンド ・三井住友・日本債券インデックス・ファンド など	・三井住友・日経225オープン ・三井住友・日本株式インデックス年金ファンド ・三井住友・DC日本株式リサーチファンド ・フィデリティ・日本成長株・ファンド ・三井住友・バリュー株式年金ファンド など	・DC・ダイワ・ストックインデックス225 ・大和住銀DC日本株式ファンド ・フィデリティ・日本成長株・ファンド ・三井住友・ライフビュー・バランスファンド30 ・ダイワ投信倶楽部日本債券インデックス など

※2016年9月12日現在

そのためには、無理をせずに、元本保証型商品を選択することです。

ポイント

・商品選びのときは特にあてがないならば、元本保証型を選ぼう。
・確定拠出年金は、掛け金の15％の税金が戻ってくるので、運用益がなくても二分に利用価値がある。
・むしろ、下手にリスクの高い商品に手を出して、節税の恩恵をパーにしないようにしたい。

投資信託は儲かるのか？

ここで投資信託について、少しご説明しておきますね。

投資信託というのは、証券会社などが顧客から資金を集め、そのお金を運用し、収益を顧客に還元する、という金融商品のことです。

証券会社などは、日本国内の株式、国内債券、外国の株式、外国債券などに分散投資をします。

日経の代表的な銘柄に絞って投資をする商品や、成長企業だけに絞って投資をする商品など、投資先によってさまざまな商品があります。

投資信託で利益をあげられるかどうかというのは、その金融機関やファンド・マネージャーの腕にもかかっていますが、もっとも大きな影響力を持つのは「経済情勢」だといえます。

アベノミクスの前半期のように、株価が急上昇しているときには、投資信託で大きな利益をあげることができます。

ですが、昨今のように、株価が乱高下しているような場合は、投資信託で儲けられる可能性は低くなり、逆に損をしてしまう可能性も多々でてきます。

筆者も投資信託を購入したことがありますが、あまり儲けることはできませんでした。今は、投資信託はしておりません。

投資信託という商品を使いこなすには、それなりの知識が必要だといえます。証券会社などに薦められる商品を買っても、必ず儲けられるとは限りません。むしろ、損をするケースも多いのです。

だから、投資信託商品を選択する場合は、それなりの勉強をし、リスクを取る覚悟をする必要があります。その点は、重々肝に銘じておきましょう。

ポイント

・投資信託は、本人の努力や、証券会社の能力よりも、その時々の経済情勢に大きく影響される。

投資信託は乱高下する

投資信託のリスクについて、もう少しご説明しますね。

投資を語る人の中には、よく「分散投資していれば、大きな損は必ず防げる」というようなことをいう人がいます。

ですが、これは絶対にウソです。「大きな損を〝必ず〟防げる」ような投資方法は、未だに誰も開発していないのです。

こういうウソは、株を買わせたい人（証券関係の人、証券関係の物書きなど）がいっているだけです。

たとえば、日経平均株価は、2016年1月からの半年間だけを見ても、最高値は1万8951円、最安値は1万4864円です。25％もの増減をしているわけです。この間に投資していれば最悪の場合、100万円が75万円になってしまう可能性もあるわけです。

日経平均株価というのは、東京証券取引所一部上場企業のうち、代表的な銘柄225の平均株価のことです。つまり、東証一部の225の銘柄に分散投資したとしても、わずか半年で25％以上もの増減があるわけです。

しかも、この増減について、どんな優秀なトレーダーも正確な予想をつけていることはありません。2016年1月の時点で、25％も株が下がるなどということを誰が予想できたでしょうか？

つまり、どんな人にとっても、正確に株価の乱高下を予測することは不可能なのです。

2000年以降だけを見ても、「ITバブルとその崩壊」「リーマンショック」「アベノミクスの株価急上昇とその後の乱高下」など、決して予測できないような、大きなイベントが何度もありました。たった十数年のうちに、自分の財産が大きく増減するような出来事が、何度も起こっているのです。

「予測不能な事象がある」ということは、将来の資産蓄積の方法としては、賢い方法とはいえないでしょう。

また、投資は、その人の性格にも大きく影響します。

たとえば、100万円で購入していたものが、75万円となってしまったとき。それで慌てふためいてしまうような人は、あまり投資に向きません。

長い目で見れば25％も下がったならば、しばらくすれば、株価が持ち直す時期がくる可能性が高いと言えます。

しかし、人はなかなか長い目で見ることはできません。また、株価が持ち直す可能性があるといっても、必ずそうなるという保証はありません。

そういうとき、ほとんどの人は、投資のことで頭がいっぱいになり、いつも不安にさいなまれることになります。儲けられるかどうかよりも、楽しく生活していくことができにくくなるのです。

それを考えれば、普通の人は下手に投資に手を出すことは、やめたほうがいいのです。手を出すのであれば、相当に研究をし、なおかつ「最悪、大損してもいい」という覚悟を決めるべきでしょう。

ポイント

・投資信託は、数十％の乱高下は普通に起こる。
・つまり、自分の年金資産が数十％単位で簡単に増減するということ。
・普通の人は、資産価値が急落すると精神的にダメージを受けるので、よほど覚悟を決めて研究しない限りは手を出さないほうがいい。

投資で〝必ず〟大儲けできる人などいない

巷では「株で大儲けする方法」というような本が多数出回っています。

でも、そのほとんどはウソです。

いや、一時的、偶発的に儲かることはあるかもしれませんが、100％儲かるというような株の法則は、まだ誰も発見していないのです。

アメリカ在住の投資家ジョージ・ソロスは、天才的といわれ裸一貫から巨額の富を得ています。ですが、彼にしろ、インサイダー取引で摘発された経歴があるのです。

これはつまり、投資の天才とされているジョージ・ソロスでさえ、「ズルをしないと確実に儲けることはできない」のです。

プロのトレーダーでも、5%の収益を上げることができればいいほうなのです。情報、技術が少ない一般の投資家が、そう簡単に儲けられるはずはないのです。

だから、「株で絶対に儲けられる」というような本は絶対に信じないことです。

もし、そんな方法が本当にあるのなら、その作者は、絶対に人に教えるはずはないし、本を書くまでもなく、投資生活に没頭しているはずです。本を書くというような労力を経ずとも、巨万の富を得られるはずですので。そういう類の本は、絶対に信用しないことです。誰も責任をとってくれませんので。

株は、はっきりいってギャンブルです。

暴落とか暴騰とかじゃなくて普通の相場でも、1日で株価が数%前後するというのは、ごく普通のことです。100万円投資していたら、1日で2~3万円増減するのは、全然、普通のことなのです。

もし毎日2万円、パチンコで負けていたら、かなり苦しいでしょう?

そういうことが、普通に起こるのです。

こういうリスクの高い投資というのは、よほど勉強していないと、儲けられるものではありません。

ポイント

・伝説的投資家のジョージ・ソロスでさえ、投資というものはズルをしないと儲けられない。
・株価が1日に2～3％増減するのは普通のこと。

国の手にひっかかるな！

国が確定拠出年金を拡充している理由の一つが、国民の金を株式投資に回したい、という意図があります。

つまり、国民に株を買わせて、株価を上昇させたいわけです。

ご存知のように安倍政権は、大胆な金融緩和などで、株価が上昇することで人気を保ってきました。株価が上がれば、景気が上向いているように見えるからです。

しかし、金融政策で株価を上げるのは限界があります。実際、最近は株価は乱高下をしており、アベノミクスの限界説もいわれるようになりました。

そのため、国民の老後資金を株式市場に向かわせようとしているのです。

株で儲けられる人は、それでいいでしょう。

ですが、ほとんどの人は、簡単に株で儲けられるものではありません。多くの場合、高値でつかまされ、安値で不安になってたたき売りしてしまうものです。

我々は、何も国の経済政策に殉じて、なけなしの老後資金を株式市場に投入する必要はないのです。国民の老後資金をあてにするような稚拙な経済政策に、乗る必要はないのです。

我々は、確定拠出年金のメリットだけをしっかり享受し、政府の魂胆には乗らないことです。

ポイント

・国が、確定拠出年金をつくった理由の一つが、国民の資産を株式市場に向かわせること。

・だからといって、国民はわざわざリスクをとる必要はなく、安全資産に投資をし、確定拠出年金のメリットだけを享受すればいい。

確定申告の方法

個人型確定拠出年金に入っている人は、確定申告をする必要が生じます。これまで、何度も「確定拠出年金は節税になる」ということを述べてきました。ですが、税金を安くするためには、申告をして控除を受けなくてはならないのです。個人型確定拠出年金の人は、自分で確定申告をしなければなりません。

公務員の場合は、特に注意が必要です。公務員は、通常、所得税、住民税などの税金関係は勤務先で全部やってくれます。しかし、確定拠出年金の控除については、勤務先ではやってくれないのです。確定拠出年金の掛け金については、「小規模企業共済等掛金控除」として所得から控除することになります。

確定拠出年金の加入金融機関から、年末に「小規模企業共済掛金払込証明書」という書類が届きます。この小規模企業共済掛金払込証明書と、勤務先からもらった源泉徴収票を持っていけば確定申告ができます。

書類の作成は、税務署で税務署員に聞きながら行うといいでしょう。特に難しいことはなく、小一時間もあれば可能です。

また、この確定申告は、還付申告なので、2月から3月の確定申告期に行わなくても構いません。年中受け付けられているのです。だから、2月から3月の税務署が混む時期をはずして、自分に時間があるときに、確定申告に行けばいいのです。

また2月、3月は、土日に確定申告を受け付ける税務署もあるので、それを利用してもいいでしょう。ただし、還付申告の有効期間は5年間なので、5年の間には行かなくてはなりません。

必要書類については、それぞれの立場で若干違いますので、確定申告に行く前に税務署に一度、確認をしてください。

ポイント

・個人型確定拠出年金に加入している人は、税金を還付してもらうために確定申告をしなければならない。

・確定申告は簡単で、必要書類2～3点を持っていけば、あとは税務署員の指導の

確定拠出年金の給付条件

	老齢給付金	障害給付金	死亡一時金	脱退一時金
給付	5年以上の有期、又は 終身年金 （規約の規定により一時金の選択可能）	5年以上の有期 又は終身年金 （規約の規定により一時金の選択可能）	一時金	一時金
受給要件等	ただし、60歳時点で確定拠出年金への加入者期間が10年に満たない場合は、支給開始年齢が次のように引き伸ばされます *8年以上10年未満→61歳 6年以上　8年未満→62歳 4年以上　6年未満→63歳 2年以上　4年未満→64歳 1年以上　2年未満→65歳	70歳に到達する前に傷病によって一定以上の障害状態になった加入者等が傷病になって1年6ヵ月を経過した場合に受給することができる	加入者等が死亡したときにその遺族が資産残高を受給することができる	離職した際などに、一定の要件を満たした場合に受給することができる

通りに記載すればいい。

確定拠出年金の受給方法

最後に、確定拠出年金の受給方法について、ご説明します。

確定拠出年金は、以下の方法で給付を受けることができます。

・老齢給付金
・障害給付金
・死亡一時金
・脱退一時金

これを順番に説明しますと、老齢給付金というのは、60歳以上になったときに給付されるものです。ただし、確定拠出年金の加入期間が10年に満たない場合は、給付開始年齢が延長されます（93ページ表を参照）。

障害給付金というのは、老齢給付金をもらう前に、傷病によって高度障害などになった場合、傷病になって1年6ヵ月を経過したときに受給することができます。

死亡一時金というのは、加入者が、確定拠出年金の積立金を残したまま死亡した場合、遺族が受け取ることができます。

脱退一時金というのは、離職などで確定拠出年金の加入資格がなくなった人が、一定の条件のもと、積立金をもらえるものです。ですが、この脱退一時金は、非常に厳しい条件がいくつもあり、原則としては、上記三つのケース以外での受給は難しいといえます。

ポイント

・確定拠出年金は、高度障害になった場合、死亡した場合など以外は、原則として60歳以上にならないともらえない。
・加入期間が10年未満の人は、受給できる年齢が60歳よりも後になる。

確定拠出年金を受け取るときの課税関係

確定拠出年金を受給する場合、「年金収入」となるので、課税の対象となります。ですが、前述しましたように、確定拠出年金の受給には、公的年金や退職金と同様の税金優遇措置が取られています。

確定拠出年金受給の課税関係は以下のようになっています。

老齢給付金の場合

年金　公的年金等控除が適用

一時金　退職所得控除が適用

障害給付金の場合

年金　所得税・住民税とも非課税

一時金　所得税・住民税とも非課税

死亡一時金の場合

みなし相続財産として相続税の課税対象

脱退一時金の場合

一時所得として所得税（含む住民税）の課税対象

第4章

サラリーマンの確定拠出年金

ほとんどの国民が加入できるようになった！

何度か触れていますが、確定拠出年金は、２００１年から始まったものですが、２０１７年１月から大幅に改正されます。

この２０１７年の改正で、もっとも大きく変わることは、「ほとんどの人が確定拠出年金に入れるようになる」ということです。

今までは自営業者や企業年金のないサラリーマンなど、年金が不十分だった人が対象でしたが、企業年金のあるサラリーマンも対象となり、さらに公務員や専業主婦、フリーターまでもが含まれることになったのです。

積立金の上限額などの諸々の条件は異なりますが、ほとんどの国民が確定拠出年金に加入することができるようになったのです。

国民のほとんどが確定拠出年金の恩恵を受けられるようになったわけですが、実は落とし穴もあります。

「確定拠出年金が得をする」

といっても、「すべての人が同じように得する」わけではないのです。

それぞれ、確定拠出年金に加入する条件は違いますし、メリット、デメリットも若干違ってきます。

中には、あまりメリットのない人もいるのです。

なので、これから、各々の立場の人にとって、確定拠出年金はどうなっているのか、どういうふうに使えばもっとも効果的なのか、ということをご紹介していきたいと思います。

ポイント

・2017年の改正で国民のほとんどは確定拠出年金に入れるようになった。
・すべての人が同様に得するわけではなく、それぞれの立場によってメリット、デメリットが異なる。

サラリーマンこそ確定拠出年金を使い倒せ！

まずはサラリーマンを見てみましょう。

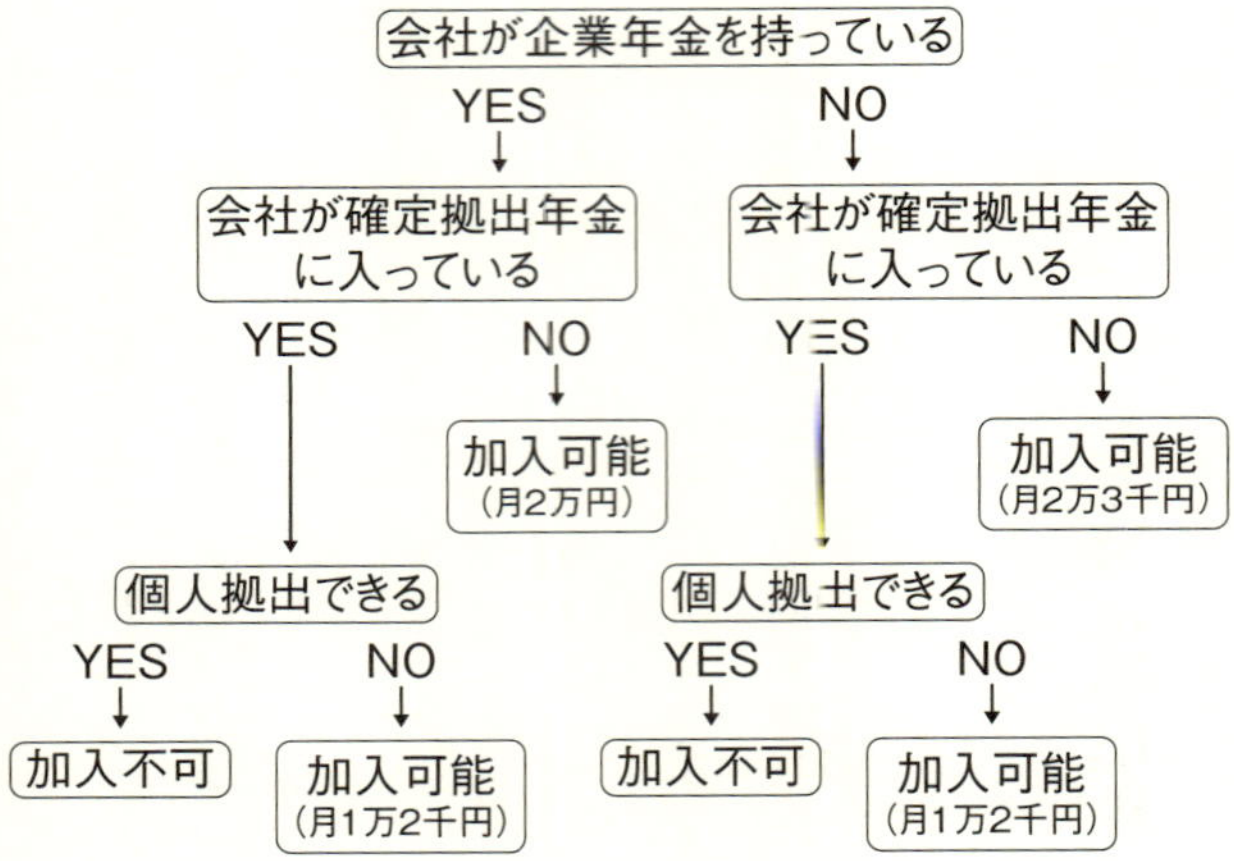

２０１７年の改正の大きな目玉は、サラリーマンの大半が、確定拠出年金に加入できるようになったことです。

そして、サラリーマンの場合は、基本的に確定拠出年金に入ると得をします。サラリーマンというのは、これまで散々、増税のターゲットにされてきました。現在、もっとも税制的に割をくっているのは、普通のサラリーマンだといえます。

だから、サラリーマンこそが、確定拠出年金の検討をしっかり行い、十二分にその恩恵を享受すべきなのです。

ですが、サラリーマンは、勤務先の状況によって、確定拠出年金の条件が変わってきます。平たくいえば、「会社が企業年金を持っているかどうか」「会社が確定拠出年金に入っているかどうか」で違ってくるのです。

だから、サラリーマンの方がまずしなければならないのは、会社に「企業年金があるかどうか」「確定拠出年金に入っているかどうか」を確認することです。

会社の年金加入状況によって、１００ページの表のような選択となります。

ポイント

・２０１７年の改正で確定拠出年金に入れるサラリーマンの範囲が大きく拡大した。
・サラリーマンこそ確定拠出年金をうまく使いこなすべし。

会社が企業年金を持っていないサラリーマン、ＯＬの場合

最初に「会社が企業年金を持っていないサラリーマン、ＯＬ」の場合を確認してみましょう。

会社が「企業年金を持っていない」ということは、ありていにいえば中小企業ということになります。企業年金を持っていないということは、将来の年金額はあまり多

企業年金のないサラリーマン（OL含む）の確定拠出年金の条件

- 加入条件
  - ・60歳未満。
  - ・勤務先に企業年金等がない（加入資格のない人も含む）。
  - ・企業型確定拠出年金の加入対象者でない。
- 拠出限度額
  年27万6,000円（月2万3,000円）
  ※毎月の拠出額は、5,000円以上1,000円単位で指定が可能。

い額ではありません。

確定拠出年金設立の目的の一つが、これらの中小企業の社員の方の年金を充実させることです。これに該当する方は、普通に「個人型確定拠出年金」に入ることができます。拠出限度額は、月2万3000円です。

できれば満額を掛けておきたいものです。

月2万3000円ということは、年間で27万6000円です。だいたい平均的サラリーマンの方で、4～6万円の節税になります。

これを20年間かけ続ければ、100万円前後の節税になるのです。そして、単純計算で20年以上、月2万3000円以上の年金がもらえるのです。100万円が丸儲けということになります（運用で損得がなく、掛け金がそのままの額で残った場合）。

自分の会社に企業年金があるかどうかは、だいたいの方がご存知だと思われますが、もしわからない場合は、会社の総務などに聞いてみてください。

加入する際には、自分で金融機関に申し込んで、自分で手続きを行います。会社を経由することは一切ありません。ですが、会社に企業年金がない、ということの証明が必要なので、それは会社に依頼して取る必要があります。詳しい手続きは、窓口金融機関でお尋ねください。

ポイント

・そもそも確定拠出年金は、企業年金のないサラリーマンのためにつくられた。
・中小企業のサラリーマンでも大企業並みの年金生活を送ることができる。

企業年金を持つサラリーマンも入れるようになった！

２０１７年の改正で、大企業のサラリーマン、ＯＬも確定拠出年金に入れる人がかなり増えました。

サラリーマンの方が一番気をつけなくてはならないのは、「企業年金を持つ会社のサラリーマンも加入できるようになった」ということです。

ですが、この辺はちょっと面倒で、微妙な違いで掛け金などの条件が変わってきますので、順番に確認していきたいと思います。

企業年金を持っている会社でも、実は三種類あるのです。

それは次の三つです

①確定拠出年金には加入していない会社
②確定拠出年金に加入しているけれど個人拠出はできない会社
③確定拠出年金に加入し個人拠出もできる会社

この三つで、それぞれ、社員の確定拠出年金への加入条件が変わってくるのです。

では、この三つのタイプについてそれぞれご紹介していきましょう。

企業年金はあるが確定拠出年金には加入していない会社のサラリーマン

まず①の「確定拠出年金には加入していない会社」のサラリーマン、ＯＬの方から、見ていきましょう。

このタイプの方は、２０１７年の改正により、新たに「個人型確定拠出年金」に加入できるようになりました。

これまで、企業年金を持っているような大企業の場合は、企業型の確定拠出年金に入るしか方法はありませんでした。

つまり、企業年金を持っている会社で働いているサラリーマンは、会社が確定拠出年金に入っていなければ、自分個人で入ることはできなかったのです。

それが、２０１７年の改正で、「企業年金はあるけれど、企業型確定拠出年金がない」というサラリーマンも入れるようになったのです。

掛け金の上限は月2万円、年間24万円です。企業年金がないサラリーマンの上限額よりは、若干少なくなっていますが、企業年金がある上での話ですから、全然、条件はいいといえます。

ポイント

・企業年金があるが確定拠出年金に入っていない会社のサラリーマンも、個人型確定拠出年金に入れるようになった。
・上限額は月2万円。

企業型確定拠出年金に加入しているが個人拠出はできない会社のサラリーマン

次に②の「確定拠出年金に加入しているけれど個人拠出はできない会社」のサラリーマン、ＯＬを見ていきましょう。

前述しましたように確定拠出年金には、企業型と個人型の二種類があります。

企業型確定拠出年金というのは、原則として会社がすべてお金を出す制度です。厚生年金だけでは年金の額が心もとないので、企業が従業員への福利厚生の一環として、年金を追加で出してあげようというものです。

従来は、この役割は企業年金が担ってきたのですが、せっかく企業型確定拠出年金ができたので、これに加入した企業も多いのです。

この企業型確定拠出年金には、個人拠出ができる制度もあるのです。企業が出すだけでなく、任意で社員もそれに加算して年金の掛け金を増やせるという制度です。しかし、会社がこの制度を採り入れていない場合は、社員は自分で加算することはできません。

そういうタイプのサラリーマンは、2017年の改正で、自分で「個人型確定拠出年金」に加入できるようになったのです。

ただし、掛け金がちょっと少ないのです。

掛け金の上限は月1万2000円、年間14万4000円までです。

それでも、ないよりは全然マシだといえます。

ポイント

・企業年金も企業型確定拠出年金もあるが個人拠出はできない会社のサラリーマンも、個人型確定拠出年金に入れるようになった。

・掛け金の上限は月1万2000円。

企業型確定拠出年金に加入していて、個人拠出もできる会社サラリーマン

２０１２年の改正により、企業型確定拠出年金に加入している会社の社員に、個人拠出もできるようになりました。

何度か触れましたように、企業型確定拠出年金というのは、会社がすべて負担して、社員のために年金を積み立てるという制度です。

ですが、各社員がそれにプラスして独自に年金に拠出できる制度があったほうが、各人の自助努力が進むわけです。自分の力で年金を増やせるわけですから。

そのため、企業型確定拠出年金を持っている企業は、規約を定めれば、個人の拠出をしてもいい、ということになったのです。

この「個人拠出アリ」の企業型確定拠出年金を持つ会社の社員は、個人型確定拠出年金には入れないのです。今のところ個人型確定拠出年金に入れないのは、この人たちだけなのです。

しかし、この人たちは、企業型確定拠出年金に自分のお金を拠出できるので、個人

型確定拠出年金と同等のメリットをすでに持っているということになるのです。同等というより、サラリーマンの中では、実質的にもっとも充実した年金制度を持っているといえるでしょう。

拠出する限度額は、次の二つの条件を満たすことです。

（Ａ）会社の拠出分＋個人の拠出分≦５万５０００円（企業年金を併用の場合２万７５００円）

（Ｂ）個人の拠出額≦会社の拠出額

これを簡単にいえば、

「会社の拠出額との合計額が月５万５０００円を超えないこと」

「会社の拠出額を超えないこと」です。

つまり、会社の拠出額までは、個人で拠出することができ、最高で月２万７５００円までです。

もし、会社が月２万７５００円を拠出していれば、個人の拠出限度額は２万７５００円ということになります。また会社が５万円を拠出していれば、個人の拠出限度額は5000円ということになります。

個人拠出は、なるべくしたほうがいいといえます。年金のうち、自分で制度設計できる部分が大きいほうが、老後の計画も立てやすいし、やはり年金は充実させるに越したことはないからです。

会社が企業型確定拠出年金に入っているサラリーマン、OLの場合、個人で確定拠出年金に拠出しようと思えば、まず会社の年金状況を詳しく聞くことです。

企業年金があるのかどうか、企業型確定拠出年金に入っているかどうか、もし確定拠出年金に入っていれば個人で拠出できる規約があるかどうか、などです。

そして、個人で拠出できる規約があるのならば、会社が拠出している掛け金を確認し、自分の拠出額を決めて拠出するのです。

その辺の手続きは、個人では不可能なので、総務の人などと相談しながら進めてください。

企業型確定拠出年金に個人が拠出する手順

会社が企業型確定拠出年金に入っているかどうかを確認する

←

個人の追加拠出ができる規約があるかどうかを確認する

←

会社が拠出している金額を確認する

←

自分の拠出額を決め、拠出する

ポイント

・企業型確定拠出年金に加入している会社でも、規約があれば個人での拠出もできる。

・個人拠出の上限は、「会社の拠出分以下」で「会社の拠出分との合計が5万5000円以下（企業年金なし）」。「会社の拠出分との合計が2万7500円以下（企業年金あり）」。

企業型確定拠出年金も使いやすくなった

2017年の改正により、企業型確定拠出年金も改善されることになりました。ありていにいうと、サラリーマンにとって使いやすくなったということです。だから、会社が企業型確定拠出年金に入っているサラリーマン、OLに、今後、年金の運用がやりやすくなるはずです。

企業型確定拠出年金の場合、企業が用意した金融商品を社員が自分で選んで運用する、ということになっています。

これまでは、この「会社側が用意する金融商品」があまりに多すぎたのです。会社は金融機関に提案されるままに、金融商品を採用していたので、数十種類に及ぶことも珍しくありませんでした。

忙しいサラリーマンにとって、数十種類の金融商品の中から、適切なものを選択するというのは、大きな負担でもありました。

それが、2017年の改正で、企業は金融商品を一定数以下に絞ることが定められました。また、企業には分散投資に適した商品リストを提示する義務なども加えられました。

商品リストの運用成績が、あまりにダメな結果になると、会社側もそれなりに責任を感じることになります。運用成績について法的に責任が生じるわけではありませんが、結果が悪ければ、やはり社員から不満が出るはずですし、会社側もそうそう無責任なことはやっていられなくなりました。

これまで会社側は、金融商品を適当にたくさん採用し、それを社員に選ばせて、「運用結果は社員の自己責任」ということになっていました。それが、今後は、企業側もある程度金融商品を研究し、社員に安全で有利な金融商品を提示することが求められるようになったのです。

社員の負担は大きく減り、確定拠出年金が使いやすくなったといえるでしょう。

また、社員が、金融商品を選べずにいる場合、会社が選んだ投資商品を自動購入させることができる仕組みもつくられることになります。

社員が金融商品を選ばないままになっている場合、一定期間を過ぎると通知とともに、会社の選んだ投資商品を自動購入できるようになったのです。

そのため、会社側は、分散投資をして、なるべくリスクを押さえた商品を用意することになります。これはアメリカの４０１ｋプランやイギリスのＮＥＳＴなどでも採用されている制度です。

ただ、この改善については、国側に「なるべく投資信託を買わせよう」という意図があるようです。投資信託については、前に説明しましたように株の売買に近いものがあります。つまり、国は確定拠出年金で国民に株を買わせて、株価を上げようという腹づもりなのです。

まあ、我々は、わざわざそれに乗る必要はなく、投資信託などに不安だという人は、無理をせずに、定期預金など元本保証型の商品を購入すればいいのです。

ポイント

・2017年の改正で、企業型確定拠出年金は、サラリーマンにとって使いやすくなった。
・会社は分散投資に適した金融商品などを自ら選別し、社員に提示しなければならなくなった。
・運用が苦手な人は、分散投資などをせずに、元本保証型の安全商品を購入するべき。

企業型確定拠出年金のあるサラリーマンは転職時に気をつけて

企業型確定拠出年金のあるサラリーマン、ＯＬは、定年前に転職するときは気をつけなくてはなりません。

企業型確定拠出年金を持つ会社を退職しても、再就職先に企業型確定拠出年金があれば、移転することができます。

転職先に企業型確定拠出年金がない場合は、年金資産を６ヵ月以内に個人型確定拠出年金に移さなければならないのです。もし、移さなかった場合は、特定運営管理機関という機関に自動的に移管されてしまいます。

特定運営管理機関に移管されると、自分の年金資産の運用は行えません。利息も付かず、運用益もでません。つまり塩漬けにされてしまうのです。

また、加入期間にも算入されないので、最悪の場合、引き出しができなくなります。なので、企業型確定拠出年金のあるサラリーマンが、企業型確定拠出年金のない会社に転職する場合は、くれぐれも、個人型確定拠出年金に移す手続きをお忘れなく。

中小企業の役員の場合

これまで、サラリーマンの確定拠出年金についてご紹介してきました。

同じサラリーマンでも、普通の社員と経営者では、年金商品が微妙に違ってきます。中小企業の経営者は、形式的には会社から給料をもらっているサラリーマンですが、実質的には自営業者に近いものがあります。現実的に、会社は経営者の給料や福利厚生に責任を持ってはくれませんから、経営者は自分の収入や年金などは、自分の力で何とかしなければなりません。そして、中小企業の場合、なかなか経営者の退職金や年金は充実させられません。中小企業の経営者は退職金がもらえなかったり、年金が不十分な人もけっこういます。

そのため、中小企業の経営者には、退職金や年金の支払いを手助けするような、国の制度がいくつかあるのです。

中小企業の経営者の方に向けたそういう制度をここでご紹介したいと思います。

中小企業の経営者や役員には、確定拠出年金の他にも、公的機関がつくっている年金と似たような制度があります。

それは「小規模企業共済」というものです。

小規模企業共済というのは、小規模企業（法人や個人事業）の経営者の退職金代わりに設けられている共済制度です。

毎月お金を積み立てて、自分が引退するときや事業をやめるときに、通常の預金利子よりも有利な利率で受け取ることができるものです。現在の利率は１％となっており、金利の状況によって増減します。掛け金は、月に１０００円から７万円までで、金額は自分で自由に設定できます。

本来は、自営業者やフリーランサーを対象としたものですが、中小企業の役員（経営者含む）も加入できるのです。

そして、この小規模企業共済も、「確定拠出年金」と同様に掛け金を全額所得から控除できます。

小規模企業共済は、確定拠出年金と違って、自分で運用する必要はありません。だから、忙しい経営者や役員にとっては、場合によっては確定拠出年金よりも、便利かもしれません。

また、小規模企業共済は中途解約もできます。ただし20年未満で解約すれば元本割れするのです。さらに、掛け金を担保にした融資制度もあります。

小規模企業共済は、事業をやめる際（退職する際）に、一時金として受け取るか、年金のように分割で受け取るかを選択することができます。二つを併用することもできます。その場合、一時金は退職金として扱われ、分割受け取りは公的年金として扱われますので、確定拠出年金と同様に税金の優遇措置が受けられます。

自分で資産運用をしてアクティブに年金資産を増やしたい、という人には、確定拠出年金が向いていますが、普通に年金資産を増やしたいというような場合は、小規模企業共済のほうが、使い勝手がいいといえます。

また確定拠出年金と小規模企業共済は、別個のものなので、上限枠がかぶることはありません。確定拠出年金を満額掛けているから、小規模事業共済への掛け金が制限されるというようなことはないのです。だから、お金に余裕のある人は、両方入っておくといいでしょう。

ポイント

・中小企業の経営者（役員含む）には、小規模企業共済という確定拠出年金に似た制度がある。

・小規模企業共済は、掛け金が所得控除され、受取金にも優遇措置があるなど、確定拠出年金と同様に、税金面で優遇されている。
・小規模企業共済は、確定拠出年金と違って、中途解約もできる。
・小規模企業共済は、資産を自分で運用できず（しなくてよく）、定期預金より若干、高い利率が適用される。

公務員も入れるようになった！

２０１７年の確定拠出年金の改正の大きな目玉の一つが、公務員も入れるようになったということです。

これまで公務員は、「手厚い年金制度がある」ということで確定拠出年金には入れませんでした。

確かに公務員の年金は、共済年金という「職域加算部分」というものがあり、非常に手厚い年金制度がありました。

ですが、官民格差を解消するために、２０１５年10月、公務員の共済年金も、普通のサラリーマンと同様の「厚生年金」に吸収されることになり、職域加算部分も廃止されました。公務員には、新たに「年金払い退職給付」という制度がつくられ、「職域加算」廃止を若干カバーすることになっています。

しかし、今後、公務員の年金制度が、普通のサラリーマンに近くなっていくことは間違いないことです。

そういう公務員の年金生活を補うために、2017年から公務員も確定拠出年金に入れるようになったのです。

上限額は、月1万2000円なので、決して多くはありません。ですが、あるのとないのとでは全然違うでしょう。

単純に、月1万2000円を20年間加入すれば、老後20年に渡って、月1万2000円程度が年金に加算されるのです。年金生活での月1万2000円というのは、かなり大きいといえます。しかも、月1万2000円を掛けていれば、平均的な公務員の場合、年間でだいたい3～4万円の節税になります。

そもそも公務員は、「老後生活は恵まれている」というふうにいわれてきましたが、現場にいる人にとっては決してそうではありません。

公務員の場合、元々の給料が大企業に比べれば高くないので、年金の額も相応のも

公務員の確定拠出年金の条件

- 加入条件
  ・満20歳以上60歳未満
- 拠出限度額
  月1万2000円、年間14万4000円まで

のになります。

夫婦ともに公務員などの場合、けっこう豊かな老後となりますが、夫が公務員で妻は専業主婦などの場合、決してそうではありません。

公務員の中には、個人年金に加入している人も多々いました。

筆者が勤務していた税務署では、半数くらいの人は個人年金に加入していたと思われます。

個人年金というのは、前述しましたように民間の金融商品としての「年金」に入るのです。それはもちろん、将来の年金を補完するためです。

しかし、民間の個人年金に入るよりも、確定拠出年金に入るほうが、よほどメリットがあります。

民間の個人年金にも税金の優遇措置はありますが、確定拠出年金のそれとは比べものにならないからです。

たとえば、掛け金が月1万2000円の場合、前述のように確定拠出年金では平均的サラリーマンは年間3〜4万円の節税にな

ります が、民間の個人年金ではせいぜい1万数千円です。

個人年金に加入している公務員の方は迷わず、その分の掛け金を確定拠出年金に回すべきでしょう。

公務員が加入できるのは、「個人型確定拠出年金」です。

個人型確定拠出年金は、個人が直接、金融機関などに申し込んで加入するものなので、公務員の場合も、自分で手続きを行うことになります。また、窓口の金融機関では、公務員であることの証明が必要となります。それは職場に申請してもらってください。

ポイント

- ・公務員の手厚い年金制度は壊されつつある。
- ・そのため、公務員でも確定拠出年金に入れるようになった(上限額1万2000円)。
- ・民間の個人年金に入るより確定拠出年金に入った方が全然マシ。

第5章

自営業、主婦、フリーターの確定拠出年金

自営業者の場合

確定拠出年金で、一番、大きな枠を与えられているのは、自営業者です。

自営業者は、限度額が月6万8000円であり最高額となっています。

確定拠出年金創設の大きな目的が、公的年金の補完です。自営業者の年金は、国民年金だけでは老後の生活資金としてはとても足りません。

だから、厚生年金や企業年金のない自営業者の年金を厚くしようということになっているのです。

だから、自営業者はこのメリットを最大限生かしたいものです。

自営業者の場合、気をつけなくてはならない点があります。

自営業者には確定拠出年金と似たような制度が、すでに二つあることです。

「国民年金基金」と「小規模企業共済」です。

つまり、自営業者は、年金を補完する制度が全部で三つあるのです。

そして、この三つは微妙に利用条件が違う上に、上限額などが微妙に絡んできます。

だから、この三つの特徴をうまく生かし、上手に組み合わせることが、自営業者には

自営業の確定拠出年金の条件

- 満20歳以上60歳未満。
- 国民年金保険料を納付している（障害基礎年金受給者を除き、全額免除・半額免除等を受けていないこと）。
- 農業者年金基金に加入していない。
- 拠出限度額
  年81万6,000円（月6万8,000円）－国民年金基金等への年間拠出額

※毎月の拠出額は、5,000円以上1,000円単位で指定が可能。
※国民年金の付加保険に加入されている方の年間拠出限度額は、年80万4,000円(月6万7,000円)
（例）国民年金基金に年48万円（月4万円）拠出している場合
→個人型確定拠出年金への拠出限度額
年33万6,000円（月2万8,000円）

必要になるのです。
まずは、確定拠出年金の加入条件等を確認しておきましょう。

ポイント

・自営業者は、確定拠出年金において最も大きい枠（月額6万8000円）を持っている。
・自営業者には、国民年金基金、小規模企業共済という類似制度があるので、それぞれの特徴と、自分の状況を照らし合わせて選択しなければならない。

「国民年金基金」も知っておこう

自営業者には実は、国民年金を補完するために「国民年金基金」という制度もあります。

この国民年金基金もかなりスグレモノではあります。

国民年金基金というのは、国民年金だけでは足りないと思う人が掛けられる公的年金です。

この国民年金基金は、確定拠出年金と同様に、掛け金を所得から控除できます。つまり、掛け金を全額、収入額から差し引くことができるのです。

もちろん掛け金は、資産として蓄積されます。

つまりは、「税金を回避しつつ資産の蓄積ができる」のです。

なぜ、このような美味しい仕組みを国がつくっているのかというと、国民年金基金にたくさんの人を集めたいために、税金上の割引をしているというわけです。つまり、国家的な割引サービスと思えばいいのです。

国民年金基金には、他にも美味しい仕組みがたくさんあります。

その一つは、掛け金を自分で決められるので、自分の所得に合わせて払うことができることです。

だから、収入が増えて、節税策が必要なとき、国民年金基金に加入すれば、自分の年金資産をつくりながら節税できます。これも確定拠出年金と同様ですね。

国民年金基金は、年金としても非常に有利なものです。

月額３万円の終身年金をもらうためには、40歳加入で、月額１万７１４５円を払えばいいのです。これは15年支払い保障なので、もし早く死んでも元は取れます。

そして、国民年金基金にはもう一つ大きなメリットがあります。

それは、翌年３月分までの前納ができるということです。そして前納した場合、払った年の保険料として所得控除ができます。だから、もし「今年は儲かって税金が多いなあ」というときには、国民年金基金の掛け金を引き上げて３月分まで前納すれば、合法的に利益を圧縮することができるのです。

ただし、国民年金基金にもデメリットはあります。

国民年金基金を節税策として用いた場合、ネックとなるのが「これは預金ではなくあくまで年金だ」ということです。

一旦支払ってしまえば、年金としてもらうまではお金は戻ってきません。だから一旦、税金の回避をするつもりで、国民年金基金に入ったとしても、それを取り戻せるのは、年金受給年齢になってからということになります。

この点は、確定拠出年金も同様ですね。

また、国民年金基金は、加入したときの利率がずっと変わらないので、もし大きなインフレが起きたような場合は、資産を目減りさせてしまうことになります。

その点を除けば、他にはない優れた「節税商品」だといえます。

国民年金基金の概要

①加入対象者

自営業やフリーランスの人とその配偶者で、保険料を納めている20歳以上60歳未満の方が加入することができます。

②掛け金

掛け金は月額6万8000円以内で自由に選択できます（ただし、個人型確定拠出年金にも加入している場合は、その掛け金と合わせて6万8000円以内となります）。

③納付方法

掛け金の納付は口座振替により行われます。

4月から翌年3月までの1年分を前納すると0・1か月分の掛け金が割引されます。

また割引はありませんが、翌年3月までの一定期間分の掛け金を一括して納付することができます。

④掛け金の変更と解約

掛金額は変更（増口、減口）することができます。増口は年度内1回に限ります。

また解約はできますが、返金はありません。すでに納付した掛け金は将来の年金に加算されます。

⑤予定利率

現在1・5%。加入したときの予定利率が最後まで続くので、インフレになっても、この利率が変更されることはありません。

ポイント

・国民年金基金は、掛け金の全額を所得控除できる「年金制度」。
・前納をすれば、払った年に所得控除を受けることができる。
・ただし加入したときの利率がずっと続くので、インフレには対応できない。

「小規模企業共済」とは？

自営業者には、「国民年金基金」の他に「小規模企業共済」という制度もあります。

中小企業の役員の項でもご紹介しましたが、これは本来、自営業者の退職金代わりにつくられた制度です。

前述しましたように、この小規模企業共済も、「確定拠出年金」「国民年金基金」と同様に掛け金を所得から控除できます。

また、小規模企業共済も前納することができる上に、1年以内分の前納額は全額が支払った年の所得控除とすることができます。

月に1000円から7万円まで掛けることができるので、年末に月々7万円の掛け金で加入し、1年分前納すれば、84万円もの所得を年末に一気に減らすことができるのです。

小規模企業共済の難点は、預金と違って自由に引き出すことができない、という点です。小規模企業共済で掛けたお金は、その事業をやめたときに受け取ることができるようになっているからです。この辺は、確定拠出年金と同じですね。

ですが、小規模企業共済の場合は、いざというときには事業を廃止すればもらえます。事業を廃止しなくても解約できますが、その場合、給付額は若干少なくなります。

また、事業を法人化したときにも受け取れるので、法人化への資金として貯蓄する場合にも使えます。なので、個人事業の方で将来会社をつくりたいと思っている方は、その資金づくりとして最適かもしれません。

掛け金の7割程度を限度にした貸付制度もあるので、運転資金が足りないときには活用できます。

共済金を受け取った場合は、税制上、公的年金と同じ扱いとなり、ここでも優遇されています。

前述しましたように、小規模企業共済は、個人事業者だけでなく、中小企業の経営者、役員なども加入することができます。

この場合、会社の経費とはなりませんが、経営者や役員個人の所得からは全額控除されるので、経営者や役員個人の節税になるのです。

小規模企業共済の概要

①加入資格
従業員が20人（商業とサービス業では5人）以下の個人事業主と会社の役員。

②掛け金
1000円から7万円までの範囲内（500円単位）で自由に選べます。
加入後、掛け金の増額、減額ができます（減額の場合、一定の要件が必要です）。
また、業績が悪くて掛け金を納めることができない場合は、「掛け止め」もできます。

③共済金の受取り
事業をやめたとき、会社の場合は役員をやめたときなど。

④加入の申込先

全国の金融機関、商工会、商工会議所など。

ポイント

・小規模事業共済は、中小企業の経営者を対象とし退職金積立制度で年金としても使える。
・掛け金は月額1000円から7万円まで自由に設定できる。
・全額が所得控除となる。
・前納すれば支払った年に所得控除を受けられる。
・途中解約もできる。しかし、加入期間が20年未満であれば元本割れする。

確定拠出年金、国民年金基金、小規模企業共済の比較

ここで、自営業者の方の確定拠出年金、国民年金基金、小規模企業共済の比較をしてみたいと思います。

掛け金の上限は、確定拠出年金、国民年金基金が6万8000円、小規模企業共済

が7万円なので、掛け金の額については、ほとんど差はないといえます。

では、それぞれのメリット、デメリット、どういう人にどれが向いているのかを検討していきますね。

確定拠出年金のメリットは、「資産運用ができること」だといえます。これは他の二つにはないものです。他の二つは、利率が決まっているので、自分の努力次第で資産を増やすということはできませんが、これは、元本割れの危険も伴います。他の二つは元本割れの危険はないので、確定拠出年金のデメリットでもあります。

国民年金基金のメリットは、終身タイプの年金に格安で入ることができる、ということでしょう。

公的年金の一番のメリットは、死ぬまでは一定のお金がもらえるということです。人は、いつまで生きるかわかりませんから、何歳まで生きようと、毎月一定額のお金がもらえるというのは、老後の精神衛生面で大きな価値があるといえます。早死にすればあまり得にはなりませんが、精神的な安定という意味では、トータルの損得以上の価値があるといえるでしょう。

確定拠出年金にも、終身タイプの年金はありますが、現在の低金利時代では、あまりコストパフォーマンスはよくありません。現在のところは、国民年金基金が上回っているといえます。

そして、国民年金基金のデメリットは、インフレに対応できない、ということになります。国民年金基金は、加入したときの利率が生涯続くことになります。現在は１・５％なので、それがずっと続くのです。

もし将来、インフレが起こるような場合は、せっかく掛けた年金の価値が随分目減りしてしまうことになるのです。

その一方で、１・５％の利率というのは、現在の金融商品としては決して悪いものではありません。今はマイナス金利時代ですから、定期預金などではほとんど利率はゼロに近いものがあります。

確定拠出年金で元本保証の定期預金に入るよりは、国民年金基金に加入していたほうが、よほど利率がいいのです。

なので、近いうちに年金受給年齢を迎えるような人、資産運用などは非常に苦手という人は、国民年金基金に加入した方がいいかもしれません。これは、インフレ率と関係することなので、今の段階で明確なことをいうことはできません。

確定拠出年金、国民年金基金、小規模企業共済の比較

	確定拠出年金	国民年金基金	小規模企業共済
他の二つにないメリット	・自分で資産運用ができる	・終身年金のコスパが高い	・60歳未満でもお金を引き出すことができる ・掛け金を担保に低率で融資を受けられる
他の二つにないデメリット	・60歳まで引き出せない ・元本割れの危険がある	・60歳まで引き出せない ・自分で資産運用ができない。 ・利率が固定されている	・自分で資産運用ができない
向いている人	自分で資産運用をしたい人	年金受給年齢が近く、終身年金が欲しい人	左の二つ以外で、資産を蓄積したい人

小規模企業共済の第一のメリットは、途中解約できるということでしょう。解約する場合は、通常の受給よりも若干、金額が減ります。また掛け金期間が20年未満の場合は元本割れしてしまいます。

しかし、確定拠出年金や国民年金基金は、途中解約できないので、これは大きなメリットといえるでしょう。

また廃業した際には、解約しても通常の受給がされます。だから、小規模企業共済は年金としてだけではなく、失業保険の意味合いもあるといえます。

そして、小規模企業共済には、掛け金を担保にして、融資を受けられるというメリットもあります。融資にはいくつかの種類がありますが、利率は現在のところ最高でも1・5

%です。だから、融資という方法で、掛け金を一時的に引き出すことも可能なのです。小規模企業共済のデメリットとしては、自分で資産運用ができない、利率が低いということがあります。現時点の予定利率は1%ですが、これは、経済情勢や資産運用次第で変更されます。なので、国民年金基金のように、インフレにまったく対応できないものではないのです。

つまり、インフレにある程度対応できて、途中で資産を引き出すこともできる、貸付制度もある、となれば、小規模企業共済が一番使い勝手がいいといえるかもしれません。特に、自分で資産運用するのは苦手、面倒くさいというような人には、確定拠出年金よりも、小規模企業共済のほうが合っているかもしれません。

ただ、小規模企業共済と、他の二つは上限枠がかぶりません。確定拠出年金もしくは国民年金基金を満額掛けておいて、小規模企業共済を満額掛けることも可能なのです。

確定拠出年金と国民年金基金は、上限枠がかぶりますので、二つ合わせて6万8000円までしか掛けることができません。

だから、余裕のある人は、確定拠出年金、国民年金基金とは別枠として、小規模企業共済に入るというのもアリでしょう。

専業主婦も入れるようになった!

2017年の改正では、公務員とともに専業主婦も確定拠出年金に入れるようになりました。

これまで専業主婦の場合、自分の年金の額は夫にほとんど依存していました。ところが、確定拠出年金を使えば、自分の年金の額をある程度、自分でコントロールできるようになったのです。

専業主婦の場合は、公務員よりも若干多く、月2万3000円、年間27万6000円までです。

ただし、専業主婦の場合は気をつけなくてはならない点があります。

これまで述べてきましたように、確定拠出年金の大きなメリットの一つが、「節税になる」ということです。サラリーマンや自営業者などの場合、確定拠出年金の掛け金は非課税であり、自分の課税収入を減らすことができます。

それが、専業主婦の場合は、そもそも収入がない、仮にパート勤めをしていても収

主婦の確定拠出年金の条件

- 加入条件
  - ・満20歳以上60歳未満
  - ・国民年金第三号被保険者
- 拠出限度額
  - 月2万3000円、年間27万6000円まで

入が多くないわけですから、掛け金が非課税にされても、節税のメリットはほとんどありません。夫の税金から差し引かれるような仕組みもないので、掛け金の時点でのメリットはあまりないのです。

だから、主婦の場合は、確定拠出年金の最大のメリットを享受できていない、といえるのです。

ですが、主婦の確定拠出年金にまったくメリットがないわけではありません。

運用時の収益には税金がかかりませんし、受け取るときにも、税金は非常に安くてすみます。

また先ほど述べましたように、夫に完全に依存していた年金を、主婦が自分である程度コントロールできるようになるわけです。

昨今、専業主婦の方の中には、投資信託をしたりしている人も多いようです。

老後の資金として投資信託をしているような人は、その分

を確定拠出年金に回したほうが得ということになります。

ただし、確定拠出年金の場合は、通常の投資信託と違って、60歳になるまで引き出すことはできませんので、そうしたデメリットはあります。

専業主婦が確定拠出年金に加入したいと思った場合、手続きは、銀行、証券会社などの金融機関に頼むことになります。数ヵ所の金融機関を回って、自分に合うところを選ぶ、ということがいいでしょう。

ポイント

- ・2017年の改正で主婦も確定拠出年金に加入できるようになった。
- ・上限額は月2万3000円。
- ・パート勤めをしていない主婦の場合、所得税、住民税を自分では払っていないので、節税メリットはない。
- ・しかし、確定拠出年金に入れば、年金の額を自分でコントロールできる。
- ・確定拠出年金に入れば、有利な条件で投資信託をすることができる。

フリーターの確定拠出年金の条件

- 満20歳以上60歳未満。
- 国民年金保険料を納付している（障害基礎年金受給者を除き、全額免除・半額免除等を受けていないこと）。
- 農業者年金基金に加入していない。
- 拠出限度額
  年81万6,000円（月6万8,000円）－国民年金基金等への年間拠出額

※毎月の拠出額は、5,000円以上1,000円単位で指定が可能。
※国民年金の付加保険に加入されている方の年間拠出限度額は、年80万4,000円（月6万7,000円）

フリーターの確定拠出年金

フリーターも確定拠出年金に入れます。

フリーターの場合、確定拠出年金では自営業と同じ扱いになっています。だから、限度額は月6万8000円です。

この恩恵を使わない手はないといえます。

フリーターでも、ガッツリ働いている人は、サラリーマン並みの収入がある人も多いはずです（サラリーマンよりも多い人もいるでしょう）。そういう人は源泉徴収で税金を引かれていることも多いはずです。

確定拠出年金に入れば、この源泉徴収されたお金がかなり戻ってくることになるはずです。

フリーターは、社会保険関係が不整備であり、老後の生活が危ぶまれています。ですが、確定拠出年金に満額入っていれば、老後の生活はほぼ大丈夫だといえるでしょう。

また、フリーターの中には、時間の自由がきく人もかなりいます。そういう人は、投資信託などの研究をし、確定拠出年金を使って上手に年金資産を増やすこともできるでしょう。

ただし、フリーターで気をつけなければならないのが、「確定拠出年金は、国民年金に加入していなければ入れない」ということです。国民年金に加入していないのに、確定拠出年金だけ入るということは、ＮＧなのです。

ポイント

・フリーターは、自営業者と同じ条件で確定拠出年金に加入することができる。
・ただし国民年金に入っていることが条件となる。

フリーターも年金に入るべし

フリーターの中には、

「年金なんて払ったって、年金制度は破綻するかもしれない」

と思っている人もいるでしょう。

でも、それはマスコミが流したデマなのです。

年金制度というのは現在、確かにぐらついています。欠陥もたくさんあります。けれど、年金制度が壊れるなんてことはありえません。

というのは、年金制度は、今よりももっと厳しい状況の中でも生き残った制度なのです。

年金制度は、もとはといえば戦前の恩給制度から来たものです。

この恩給制度は、敗戦になって国家がほとんど破綻したときにも守られてきたんです。また、戦時中につくられた厚生年金も、戦後もちゃんと生き残っています。だから、今のおじいさん、おばあさんの中には、戦時中、軍需工場に徴用されたときの年金をもらっている人もけっこういるのです。

年金制度が破たんすれば、深刻な社会不安が起こるはずですので、国は絶対に年金制度を破綻させたりはしないのです。

それは元官僚として、「間違いない」といえることです。

また、「国民年金は、将来、掛けた金額よりも少ない金額しか受け取れないんじゃないか」と思っている人も多いようです。実際に、そういう試算を出しているマスメディアなどもあります。生涯独身で過ごす人などは、受給額よりも掛け金のほうが多くなるというような試算もでているようです。

確かにそういうケースも今後でてくるでしょう。

ですが、年金の本当のメリットというのは、「掛け金と受給額の差額」ではありません。

「死ぬまで一定のお金がもらえる」

ということです。

前にも触れましたが、人はいつまで生きるかわかりません。老後の生活資金を預貯金で賄おうとするならば、いくら用意していいか計算がつかないはずです。100歳分まで用意していたとしても、もしかしたら足らないかもしれません。

しかし、年金ならば、100歳まで生きようが120歳まで生きようが、必ず一定額がもらえます。つまり、老後の生活の計算が立てやすいのです。

それは、実利面だけでなく、精神衛生上、非常にメリットがあるはずです。

老後資金を預貯金で準備していた場合、残高がどんどん減っていくのを見ながら生きていかなければならないはずです。自分はいったいいつまで生きるのか、お金はどのくらい持つのか、しかも、残高は確実に減っていくのです。そういう不安を抱えながら、生きていくのって辛いですよね？

でも、年金ならば、そういう心配はいらないわけです。

「お金がなくなれば生活保護を受給する」

と思っている人もいるでしょう。ですが、日本人の場合、いざ本当に生活保護を受ける段階になると、なかなか踏み切れないものです。現在、生活保護以下の生活をしているのに、生活保護を受給していない人は、１０００万人近くいるとされています。

１０００万人の人は、本当は生活保護を受けられるのに、受けていないのです。

それは、行政システムの欠陥でもありますが、日本人の国民性でもあると思われます。

ほとんどの日本人は、生活保護を受給するのをためらうものなのです。

フリーターといえども、必ず、老後はきます。
そのときに、年金収入があるのとないのとでは、やはり全然違うはずです。
だから、フリーターの方も絶対に国民年金に入っていたほうがいいのです。

ポイント

・公的年金制度はつぶれるはずがないので、絶対に入っていたほうがいい。
・国民年金の最大のメリットは、何歳まで生きようが死ぬまで一定額がもらえること。

第6章

確定拠出年金の賢い使い方

老後は年金だけでは到底足りない

筆者がこれほど躍起になって、確定拠出年金を勧めるのは、節税になるからというだけではありません。

今後、老後を迎える我々は、公的年金だけではやっていけない、絶対にプラスアルファが必要になるからです。

確定拠出年金は、従来の公的年金の不足分や欠陥部分を補う、ということでつくられた制度です。

現役世代の方は、老後生活といわれてもまだピンと来ていないでしょう。そして、漠然と「どうにかなるんじゃないか」と思っているのではないでしょうか？

ですが、これから老後を迎える人たちというのは、相当、厳しい状況が待っていることを覚悟しなければなりません。なにしろ、これだけ急激に少子高齢化しているわけですから。

そして、ほとんどの方が、老後の生活資金は公的年金を中心に考えられていると思われます。

実際、公的年金だけで老後を送るというのは、非常に難しいのです。

それを一つ一つご説明していきましょう。

まず基礎年金から。

基礎年金というのは、原則として国民はすべて入っておかなければならない年金です。サラリーマン、自営業者、主婦、フリーターなど、すべての人が、この基礎年金には加入するという建前になっています。

この基礎年金には、老後生活の最低保証をするという目的があります。ですが、この基礎年金だけでは老後の生活には到底足りません。

現在、基礎年金は満額もらっていたとしても、年間78万100円です。満額というのは、基礎年金を40年かけ続けた場合にもらえる最高額のことです。

つまり、基礎年金は真面目に40年間かけ続けて、最高額をもらったとしても、年間に78万100円しかもらえないのです。夫婦合わせても150万円ちょっとです。月額にすれば、13万円ちょっとにすぎません。

これでは老後の生活をしていくには、到底足りませんよね？

だから、国民年金だけしか入っていない自営業者の人などは、それだけでは絶対に老後生活は送れないのです。

ポイント

・確定拠出年金は、公的年金の不足を補うためにつくられた。
・老後生活は基礎年金（国民年金）だけでは到底やっていけない。

平均的なサラリーマンの老後は生活保護以下になる

公的年金だけではやっていけないのは、サラリーマンも同様です。
サラリーマンの厚生年金は、基礎年金にプラスして、給料に応じた加算分がありま
す。だから、「なんとかやっていけるのではないか」と思っている人も多いようです。
ですが、加算される年金は、思っているよりもかなり安いのです。
ためしに試算してみましょう。
現役で働いているサラリーマンは、いったい年金をいくらもらえるのか、正確なこ
とはわかりません。年金の仕組みはずっと変わっていきますので、現段階で正確な額

はわからないのです。

ですが、今、サラリーマンをリタイアして年金生活をしている人の平均年金支給額を見れば、今後の世代の概算額がわかってきますので、それを出してみたいと思います。

現在、厚生年金の平均支給は年１７５万円です。

厚生年金というのは、先ほども述べましたように、サラリーマンが加入する年金です。つまり、サラリーマンのリタイア組がもらっている年金は、平均して１７５万円というわけです。

かなり低いでしょう？

月15万円もないのです。

これでは食べていくだけで精一杯で、旅行をしたり孫に何かを買ってやることなど無理だといえるでしょう。

今のサラリーマンの平均給与は４１４万円です。ということは、現役の平均額と比べて、厚生年金の支給額は42％程度ということになります。

この数字は、今後、自分がもらえる年金のだいたいの概算になります。つまりは、現役時代の収入の42％が、年金でもらえる額ということです。自分の年金額を概算で

厚生年金と給与の平均額

	厚生年金 平均支給額	サラリーマンの 平均給与
平成23年度	179万円	409万円
平成24年度	178万円	408万円
平成25年度	175万円	414万円

厚生労働省、国税庁発表より

出してみてください。

このときの基準となる自分の現役時代の給料というのは、定年前の高い給料が基準ではありません。生涯の自分の平均給与の42％ということです。

けっこう少ないでしょう？

しかも、公的年金を取り巻く状況は悪化の一途をたどりますので、この42％という数字はどんどん下がっていくでしょう。

今の年金生活者というのは、バブル時代の有利な掛け金で年金に入っていますから、恵まれているはずなのです。にもかかわらず、平均支給額は175万円です。この現実を見ても、相当厳しいと感じるはずです。

年収が175万円ということは、都会での夫婦二人暮らしならば、生活保護基準以下になります。生活保護基準というのは、「これより収入が少ない人は、生活保護が受けられる」という基準の数字です。それを下回っているということは、生活保護がもらえるほどの低所得ということなのです。

つまり、厚生年金だけならば、平均額をもらっていても、生活保護以下の生活しかできないということなのです。確定拠出年金などで、老後資金を加算しなければ、サラリーマンの大半は定年後、生活保護基準以下になるのです。

ポイント

・現在、厚生年金（元サラリーマン）の平均受給額は175万円しかない。
・夫婦で年金が175万円ならば、都市部では生活保護以下の収入水準。
・確定拠出年金などで加算しなければ、ほとんどのサラリーマンは定年後、生活保護基準以下になる。

これまでも年金の補完制度はあった

もちろん、国としても、公的年金だけでは老後生活を賄えない、ということはわかっていました。だから、公的年金にはさまざまな年金補充制度があります。

サラリーマンの場合は、「厚生年金」と「企業年金」です。

厚生年金というのは、サラリーマンが加入する年金のことで、基礎年金もこれに含まれます。サラリーマンは厚生年金に入っていれば、基礎年金に自動的に入った上に、給料に応じた加算型の年金にも加入していることになります。

そして、この厚生年金にプラスして、大企業などでは、企業年金というものもあります。

企業年金というのは、前にも何度か触れましたが主に大企業がつくっているもので、厚生年金にプラスして、その企業独自の年金をつくることができるという制度です。

その企業独自の年金制度とはいえ、国の承認を受けることで、税制上は、公的年金と同じ扱いを受けることになります。つまりは、低い税金しかかからないのです。

まあ、サラリーマンというのは、ざっくりいうとこういう年金制度を持っているわけですが、この年金制度には欠陥も多々あります。

まず、企業年金をつくることができない中小企業の場合は、従業員の老後の年金が不足しがちだということです。

企業年金というのは、建前上は、小さい企業でもつくることができます。ですが、現実的には、やはりお金に余裕がある大企業しかつくっていません。

中小企業の従業員は、厚生年金だけとなり、大企業の従業員に比べれば、かなり年金の額は落ちることになります。今の厚生年金の平均支給額が１７５万円という現実を見ても、中小企業の従業員の老後生活はかなり厳しいといえるのです。

ポイント

・公的年金を補完するために、厚生年金や企業年金がつくられた。
・しかし、厚生年金だけでは、老後資金は足りない。
・にもかかわらず、中小企業のほとんどは厚生年金だけしか加入していない。

大企業の企業年金にも欠陥はある！

企業年金を持っている大企業の社員は、中小企業の社員と比べれば、恵まれているといえます。年金だけでやっていける人もかなりいるはずです。

ですが、大企業の企業年金にもいろいろ欠陥があります。

まず第一の欠陥は、企業年金は従業員ごとの区分が明確にされていないことです。だから、中途退社をしたような場合、自分の年金だったものが消えてしまうような事態も多々あったのです。

企業年金は企業が従業員の定年退職後の年金のために積み立てているという建前があるので、定年前にやめた従業員は、そのシステムの対象外になっているのです。

もちろん、厚生年金など法的に定められた部分の年金は個人ごとになっていますが、それ以外の企業年金の部分については、中途退職の人が持ち出せる分というのは、企業によってまちまちだったのです。

そして、大企業の企業年金は、会社が年金資金を運用することによって運営されます。この資金運用に失敗すれば、年金がまともに支払われなくなる、ということにもなるのです。従業員から見れば、まったくの不可抗力で、年金が約束通りにもらえない、という事態が生じる可能性もあるのです。

また、資金運用の失敗ばかりでなく経営状況が悪化したり、資金繰りが悪くなったりしても、企業年金に大きな影響が出ます。企業年金というのは、そもそも企業の任意でつくられているので、維持をする義務はありません（従業員との労働規約などに定めてあれば別ですが）。経営が悪くなったとき、真っ先に削られるのは、こういう福利厚生関係の費用なのです。もし倒産するようなことになれば、企業年金がパーになる可能性もあります。

これは現役世代のときだけの話ではありません。定年になって年金生活に入ったあと、会社が経営危機になって、年金がまともに払えなくなるということもありうるのです。

企業年金は、そういう危険性を常に伴っているのです。

そういう欠陥を補うためにつくられたのが、確定拠出年金なのです。

確定拠出年金は、個人型確定拠出年金はいうに及ばず、企業型であっても、社員一人一人に口座がつくられ、会社が拠出した年金資金はそこに振り分けられます。そこにプールされたお金は、会社の経営が悪化しようと、倒産しようと、社員個人の資産としてきっちり守られるのです。

ポイント

・大企業の企業年金は、社員ごとに明確に区分、保障されておらず、転職すると持ち出せないことが多い。

・大企業の企業年金は、企業の経営状態の影響を受けやすく、最悪、まったくもらえなくなる可能性もある。
・確定拠出年金はそれらの欠陥を補うものである。

老後の生活を貯金で賄うのは難しい

前述したように、我々の老後は決して安泰ではないわけで、昨今、「老後破産」という言葉もよく話題になります。この「老後破産」を防ぐためにも、確定拠出年金は有効な武器となるのです。

老後を豊かに過ごすためには、なんといっても「予防」をしておくことがまず第一なのです。老後というのは若いころと違って、お金を稼ぐ方法が限られています。だから、若いころからなるべく多くのお金を老後のために貯えておくというのが、大原則です。

しかし、現役で働いているときというのは、なかなか老後のことまで、頭がまわらないものです。毎日忙しく働いている中では、「自分が老後を迎えるなんて信じられない」というような人も多いでしょう。

でも、誰にでも老後は必ず来るのです。

どうせ来るものなのだから、準備はしておくに越したことはないのです。その準備として、まず第一に考えたいのが確定拠出年金なのです。

老後の準備のために、貯金をしている人も多いかと思われます。ですが、老後の生活設計を「貯金」を中心にするのは、あまり得策ではないのです。

よく、ビジネス誌の特集などで、「老後の生活には貯金はいくら必要か」という記事ができます。老後の経済生活を貯金中心に設計するというのは、実にナンセンスなことなのです。

なぜかというと、老後生活というのは、何年続くかわからないからです。

65歳から老後生活に入るとして、数年で終わるかもしれないし、30年以上続くかもしれません。

つまり、老後生活にいくらかかるかは、個人差がありすぎて、一概にはいえないのです。

となると、貯金で老後生活を賄おうとするのなら、用意しておくべき額の検討をつけるのが非常に難しくなります。生活費を数年分用意するのと、30年分用意するのとでは、まったく額は違ってくるからです。

貯金で老後資金を用意しようということになると、やはり老後の期間を長めに設定しなければ、まずいことになります。

平均寿命で死ぬのなら、平均寿命までの生活費を用意していればいいでしょう。しかし、人の寿命というのは、そういうものではありません。

平均寿命で死ぬのは、全体の半分の人です。残りの半分の人は平均寿命よりも長く生きるのです。

つまり、平均寿命よりも長く生きる可能性が50%もあるのです。

だから、老後の資金を貯金で賄おうと思えば、相当な年数分を用意しなければなりません。１００歳までの生活費を用意していても、もしかしたら足りないかもしれないのです。

20年分しか用意していない場合は、それ以上長生きすれば、たちまち貯金が底をつくことになるからです。だから、貯金で老後生活を賄おうと思えば、だいたい30年分は準備しておかなくてはならなくなります。

しかも、長生きすればするほど自分の生活費の残高が減っていくというのは、精神衛生上、非常によくないといえるでしょう。

そして、もし大きな病気をすれば、貯金などは一気に吹っ飛んでしまいます。

老後破産してしまう人の多くは、病気が関連しています。自分や家族が大きな病気をしたために、生活設計が狂ってしまうのです。病気に対する備えというのは、貯金で対応できるものではありません。

つまりは、貯金で老後を賄うというのは、非常に大変なのです。

もちろん、何億円も貯金を持っているというのなら、話は別です。

それくらい貯金を持っていれば、普通の老後生活なら十分に賄えます。しかし、そうでないならば、貯金で老後生活を賄おうとは思わないことです。

ただし筆者は「貯金は全然なくてもいい」といっているのではありません。貯金は多いに越したことはないし、ある程度の貯金はないと生活していけません。筆者が述べているのは、老後の生活を「貯金を中心にしてはダメ」といっているのです。貯金以外のものを柱にしておくべきだ、ということです。

では、貯金以外の何を柱におくべきなのかというと、「年金」だといえます。

年金の最大の長所は、「死ぬまで一定のお金がもらえる」ということです。

公的年金は原則として死ぬまでもらえますし、確定拠出年金は原則20年支給ですが、終身払いという方法を採ることもできます。

この年金のメリットを最大限生かすことが、老後を豊かにするコツだといえます。

そして、そのためには、確定拠出年金を上手に使いこなすことです。

ポイント

・老後の生活を貯金で賄おうとすると、何年分用意すればいいかわからないので、かなり大きな金額を残さなくてはならなくなる。
・終身で毎月もらえる年金の額を増やすことが、老後の生活を安定させるもっとも賢い方法。
・確定拠出年金には、終身でもらえる方法もある。

確定拠出年金を使って終身年金額を増やす

前項で述べましたように、老後の生活を設計する上で、もっとも頼りになるのは年金です。

財政赤字と少子高齢化の影響で、年金の支給額は今後減らされていく恐れがありますが、それでも一番あてになるのは年金だといえるのです。

なぜかというと、前述したように年金は死ぬまでもらえるからです。預貯金のように、使えば使うだけ減っていくものではありません。

だから、老後破産の備えとして、まず考えるべきなのは、自分がもらえる年金の額を目いっぱい増やしておくということです。

年金というものは、自分では増やせないと思っている人も多いようです。

特にサラリーマンの場合は、年金の掛け金も決まっているし、年金の支給額も自動的に決められると思っている場合が多いでしょう。

しかし、確定拠出年金を使えば、簡単に自分の年金を増やすことができるのです。

確定拠出年金の受給方法を工夫すれば、終身でもらえる毎月の年金額が増えるのです。その方法をこれからご紹介していきます。

ポイント

・確定拠出年金の受給方法を工夫すれば、終身でもらえる毎月の年金が増える。

一時金ではなく年金でもらおう

確定拠出年金は、原則として一時金か年金として受給することになっています。

確定拠出年金の賢いもらい方の第一は、一時金ではなく年金でもらうことです。

何度もいいましたように、老後の資金計画というのは、「年金を増やす」ということが一番いいことです。だから、その意味でも、確定拠出年金は一時金でもらうより、年金でもらったほうがいいのです。

それと、もう一つ理由があります。

年金でもらったほうが税金が安くなる可能性が高いのです。

一時金でもらう場合、税法上の退職金という扱いになります。会社から退職金をもらわないのであれば、税金は安くてすみますが、もし会社から退職金をかなりもらう場合は、それなりに税金がかかってきます。

しかし、年金でもらうのであれば、受給額を月10万円程度に抑えておけば、税金はほとんどかかってきません。

ポイント

・確定拠出年金は一時金でもらうより年金でもらったほうが、老後の経済上好ましい。
・一時金でもらうより年金でもらったほうが税金が安くなる可能性が高い。

死ぬまで確定拠出年金を受給する方法

確定拠出年金は、受給期間は20年という期限がありますので、基本的には終身でもらうことはできません。

ですが、工夫次第で終身年金とすることもできるのです。

ここで確定拠出年金の受給方法について、改めて簡単に確認しておきましょう。

確定拠出年金は、10年以上加入していれば、60歳以降にもらえます。そして最長70歳まで、受給開始時期を遅らせることができます。

なので、70歳から受給を始めれば90歳までもらうことができます。平均寿命を超えて年金をもらうことができるのです。

さらに、これを終身年金にすることもできます。終身年金の保険商品を購入すればいいのです。確定拠出年金での取り扱い商品の中には、終身年金保険もあります。それを購入すれば、終身でもらうことができるのです。

もちろん、終身年金にする場合は、月々の年金受給額は、若干減ります。早死にすれば元を取れない可能性もあります。ですが、終身年金の最大のメリットは、何といっても、一定額が死ぬまでもらえる、ということです。死ぬまで収入の計算が立つということなので、精神的にこれほど心強いことはないでしょう。

具体的な終身年金保険の商品については、窓口の金融機関にお尋ねください。

ポイント

・確定拠出年金は、70歳で受給を開始すれば、90歳までもらうことができる
・終身年金保険を購入すれば、終身でももらうこともできる

確定拠出年金を使って基礎年金を増やすテクニック

確定拠出年金を使った高等テクニックの一つに、「確定拠出年金を使って基礎年金の額を増やす」というものがあります。

どういうことかといいますと、確定拠出年金を基礎年金よりも先にもらい、基礎年金の支給を遅らせるということです。基礎年金は支給年月が遅くなればなるほど、月の支給額が増える仕組みになっています。

つまりは、月々にもらえる年金額が増えるということです。

ここで簡単に基礎年金の仕組みをご説明しましょう。

基礎年金は、通常65歳からもらえることになっていますが、繰下げ支給や繰上げ支給というものがあります。

繰下げ支給というのは、年金の支給開始時期を遅らせる代わりに、毎月の年金の額を上乗せするというものです。

繰上げ支給というのは、毎月の年金の額を減らす代わりに、本来は65歳以上にならならないともらえない年金の支給時期を早めるというものです。

つまり65歳より後でもらうようにしていれば、年金額が加算されるのです。

基礎年金の加算額は以下の通りです。

70歳での支給にすれば、なんと42％も増額されるのです。

現在の基礎年金の支給額が、満額で78万１００円なので、これに30万円以上の加算がされるわけです。

厚生年金も基本的には、同じ加算率ですが、諸条件によって繰下げ支給ができない場合もあるので、詳細は社会保険事務所等で重々確認しましょう。

逆に、65歳より早く支給を受ける「繰上げ支給」にしてしまえば、最大（60歳からの支給）で30％もの減額支給になります。

つまり、60歳で支給を開始した場合と、70歳で支給を開始した場合は、70％以上も違ってくるのです。

ほぼ倍です。しかも、これが一生続くのです。

「自分は早死にするから、年金を早くもらっておきたい」

などといっている人を時々みかけますが、そういう人に限って長生きするものです。

何度もいいますが、人はどれだけ生きるのか事前にはわかりません。だから、トー

基礎年金の支給開始時期による増額率

請求時の年齢	増額率
66歳0ヵ月～66歳11ヵ月	8.4%～16.1%
67歳0ヵ月～67歳11ヵ月	16.8%～24.5%
68歳0ヵ月～68歳11ヵ月	25.2%～32.9%
69歳0ヵ月～69歳11ヵ月	33.6%～41.3%
70歳0ヵ月～	42.0%

タルで考えた場合、年金を早くもらえば得なのか、遅くもらえば得なのか、死ぬまでは判明しないのです。

しかし、「生きている間の心の安定」を考えた場合、先々の収入が先細って行くよりも、お金の心配がなるべく少ないほうが、最後まで幸福に生きられるというものです。

だから、公的年金の月々の支給額は多いほうが絶対に幸福になれるのです。死ぬまでその額がもらえるわけですから。となると、公的年金はなるべく遅くするのが得策といえます。

そして、公的年金の支給を遅くするために、確定拠出年金を先にもらうのです。

確定拠出年金というのは、支給時期を遅ら

せても、もらえる額というのはトータルでは変わりません。60歳以上になればいつもらってもいいのです。

だから、老後の初期は、確定拠出年金と貯金で賄い、なるべく公的年金の支給を遅らせるのが、「賢い年金戦略」といえます。

ポイント

・基礎年金は受給を遅らせれば、基礎年金額が最大40％も上乗せされる。
・老後は、確定拠出年金を先にもらい、基礎年金の受給を遅らせれば、基礎年金額を大きく増やすことができる。

自動的に老後資産を構築できる！

確定拠出年金のメリットとして、「自動的に老後資産を構築できる」というものもあります。

ほとんどの人が、「老後はある程度のお金が必要」ということを知っています。ですが、ほとんどの人は、なかなか十分なお金を用意できません。

多くの人は、お金に余裕のあるときに貯金しようと思っているものです。でも、それではなかなか貯蓄などはできません。お金というのは、余ってから貯めようとしても、なかなか余らないからです。

人は何も意識せずに生活していれば、自分の収入に見合う支出をしてしまうものなのです。

世間には同じ給料をもらっていても、貯金できる人とできない人がいますよね？

それと同じ理屈です。

貯金できない人が、めちゃくちゃ散財しているかといえば、決してそうではないのです。貯金している人も貯金していない人も、それほど変わらない生活をしているのに、なぜか貯金できる人とできない人が生じてしまいます。

その差は何だと思われますか？

貯金できる人というのは、最初から貯金する額を決めている、ということです。

そして、収入を得たときには、まず貯金分を差し引いていることが多いのです。

一方、貯金ができない人というのは、「収入で残った分を貯金しよう」と思っていることが多いのです。つまり、余裕ができたら、貯金しようということです。

でも人というのは、収入があればそれに合わせてついつい消費してしまうものです。

だから、お金が余ったら貯金しようと思っても、なかなかできないものです。

たとえば、タバコをやめた人がこういうことをいったのを聞いたことがありませんか？

「毎月タバコに1万円以上使っていたから、その分を貯金しようと思っていたけれど、全然できない」

と。

なぜ浮いたタバコ代が余らないかというと、知らない間に使ってしまうからです。

普通に社会人として生活していれば、1万円くらいのお金は、漠然と持っていると何となく使ってしまうものです。いつもよりも、1万円分くらい余裕があるはずだから、月末には1万円余っていてもよさそうなものですが、でも、たいがいの場合、そのお金はどこかしらに消えてしまうのです。

だから、もしタバコをやめてその分を貯金しようと思ったら、収入を得たときに（給料をもらったときに）、タバコ代の分のお金を確保し、貯金しなければできないものなのです。

そして、世の中の大半の人は、タバコで浮いたお金を貯金できない人たちなのです。

話が回りくどくなりましたが、なぜ確定拠出年金が自動的に蓄財になるか、というと、給料（銀行預金）から天引きされるからです。

確定拠出年金は、毎月自分が決めた一定の額が給料もしくは預金口座から差し引かれます。月々の額は、それほど大した金額ではありません。なにしろ、自分で決めた額ですから。

おそらく、ほとんど収入が減ったなどとは思わないでしょう。

つまり、経済生活にほとんど影響を与えずに、自動的に老後資産が構築できるのです。

そしてもちろん、それは老後になったときに、大きくモノをいうのです。

ポイント

・人は、お金が余ったら貯金しようと思っても、なかなか貯金できないもの。
・確定拠出年金は、自動的に引き落とされるので、あまり苦痛を感じずに自然に蓄財できる。

インフレのリスクヘッジになる！

確定拠出年金には、ほかの公的年金よりも優れている点があります。

それはインフレのリスクヘッジになるということです。

老後資金を公的年金だけで賄おうとすると、インフレ・リスクを伴うことになります。

インフレというのは、ご存知のように物の値段が上がり、お金の価値が下がることです。つまり、たくさんお金を貯めていても、お金の価値が下がってしまうため、いざ使おうというときになって、大したお金ではなくなってしまうのです。

現在の日本は、長い間デフレとなっていましたから、インフレの心配はありませんでした。

しかし、通常、経済が普通に成長していけば、インフレは生じるものです。もし、日本経済が本格的に回復した場合、インフレになることが予想されます。

となると、普通の公的年金で老後を賄おうと思っていても、お金が足りなくなる恐れがあります。公的年金の場合も、インフレに一応対応していますが、利率は公的機関が決めるためそれほど的確ではないとされています。インフレになるとかなり年金資産が目減りすることが考えられるのです。

そして、前にも触れましたように、国民年金基金などは、インフレ・リスクにまったく対応していません。国民年金基金は、加入したときの利率で固定されるので、その後、金利が上昇してもそれに対応しないのです。

ですが、確定拠出年金の場合は違います。

確定拠出年金は、自分で金融商品に投資するという仕組みになっています。だから、自分でインフレになったときの対応をすることができます。

インフレになった場合、通常、金融商品の価値も上がります。だから、確定拠出年金の場合は、自然にインフレに対応しているといえます。

元本保証の安全な金融商品（定期預金）などを購入していたとしても、金利の上昇に合わせて、利率も上がります。普通の公的年金や預貯金よりはインフレに対応できるといえます。

ただし、確定拠出年金の金融商品によってはインフレ・リスクを伴うものもありますし、インフレにはさまざまな形態がありますので、インフレ・リスクをまったく回避できる金融商品というものはないともいえます。
あくまで可能性として、インフレ・リスクを回避しやすいということです。つまりは、インフレになったときのリスクヘッジになるということです。

ポイント

・確定拠出年金は、インフレのリスクヘッジとしても有効なツール。

第7章

確定拠出年金のモデルケース
早く始めれば始めるだけ、
こんなにお得！

積極的に投資をしたい人はもっとお得になる制度

確定拠出年金は、なんといってもその節税効果が魅力の一つです。掛け金全額が所得控除の対象になり、運用益が出ても非課税になるうえ、年金を受け取る際も課税控除が受けられる「三重の節税」ができるのがメリットです。

ただ、私自身は、投機性の強い投資信託などでの運用はあまりお勧めしていません。なぜなら、相場状況によっては、増えることもあれば、大きく減ることもあるからです。老後の資金である年金をこうしたリスクにさらすのは、あまり得策ではないでしょう。ですので、確定拠出年金を利用する際は、元本保証型商品での運用を強くお勧めします。

でも、今の時代、積極的に資産運用していきたいという人も少なくありません。もし、そのように考えているのなら、普通に証券口座を開設して株や投資信託などを買うより、確定拠出年金を利用したほうが圧倒的にお得です。

ここでは、それを踏まえて年代別のモデルケースをご紹介します。

生涯の所得額や運用年数によって、節税額はまちまちです。また、課税所得は、社会保険料や税金が控除される額も各自さまざまなので、ざっくり計算しています。あくまでも、これくらいお得になるんだという目安にしていただけると幸いです。

それと、投資信託などで積極的に運用していきたいという人のために、年利１％、２％、３％の運用益が得られた際の節税額も試算しました。

何度もお伝えしているように、投資信託にはリスクがあります。ですので、投資信託などで運用をする場合、金融機関選びにも注意が必要です。

まず、手数料が安い金融機関を選ぶこと。手数料には、すでにお話ししました口座管理手数料のほかに、投資信託を運営していく際の手数料である運営管理費用（信託報酬）がとられます。それと、金融機関によっては、購入時や売却時、解約時に手数料を取るところと取らないところがあるのです。そのため、購入時手数料や信託財産留保額（解約時、売却時手数料）を取らない金融機関を選ぶこと。また、投資信託の運用管理費用が低い商品（１％以下）がたくさんある金融機関を選ぶのが得策です。

実際に投資信託で運用するなら、国内株式、国内債券、外国株式、外国債券など、どれか一つに偏るのではなく、バランスよく買うことでリスクヘッジしておきましょう。どんな商品があるかは金融機関で調べることができます。また、投資信託を買う際は、元本保証型の商品も併せて組み込むことをお勧めします。

モデルケース1

25歳　会社員(男性)

※30歳で結婚(妻共働き)　32歳で第1子誕生

・現在以降の平均年収600万円(課税所得300万円の場合)
・税率10%
・企業年金なし　確定拠出年金の積立額2万3000円(積み立て年数35年)

総節税額

年利1%…約233万円　年利2%…約293万円　年利3%…383万円

(内訳)

●掛け金の総節税額

約193万円

●運用益の総節税額

年利1%…約40万円　年利2%…約100万円　年利3%…約190万円

※復興所得税は加味していない。所得控除は、年収による平均的な社会保険料と扶養控除、特定扶養控除、基礎控除を反映。それ以外は控除せず。2016年9月現在の条件に当てはめる。

総節税額

年利　1%	約233万円
2%	約293万円
3%	約383万円

（内訳）
・掛け金の総節税額　約193万円
・運用益の総節税額　年利1%　約40万円
年利2%　約100万円
年利3%　約190万円

年利別の運用総額（総年金額）

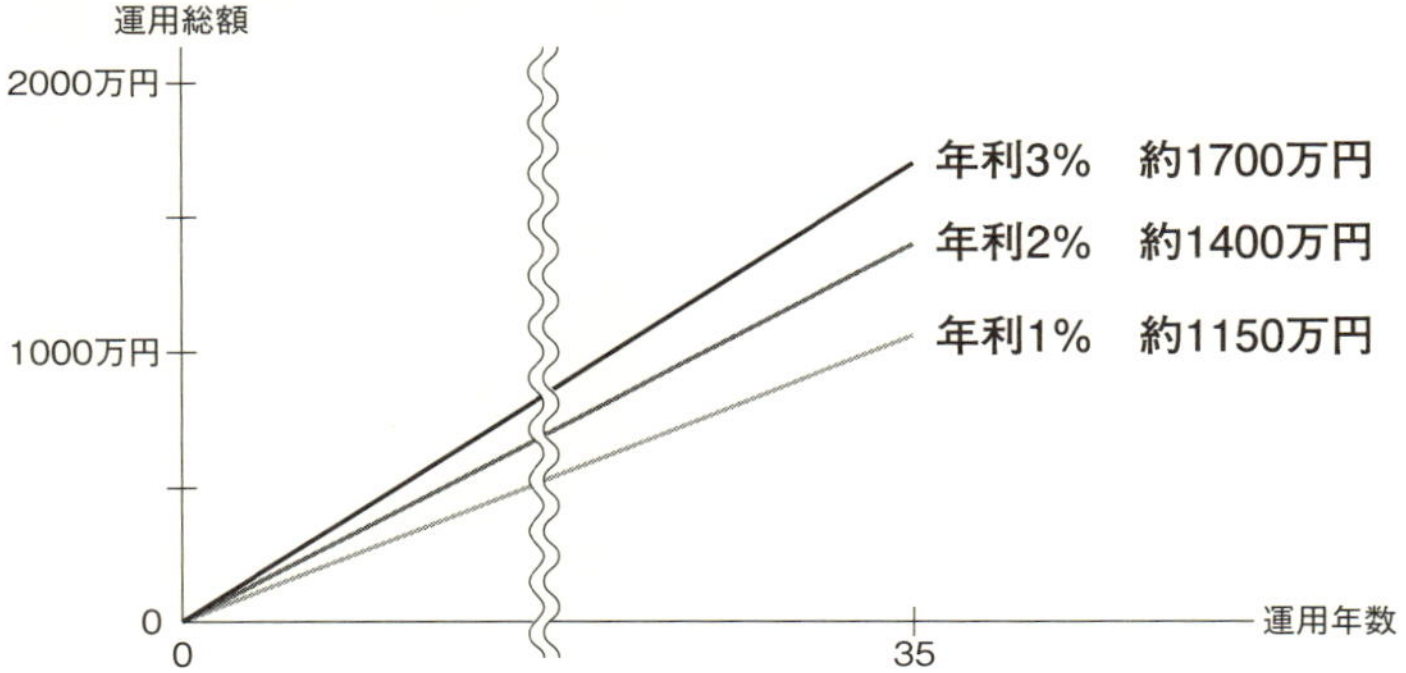

年利別の運用総額（総年金額）
年利１％…約１１５０万円
年利２％…約１４００万円
年利３％…約１７００万円

ポイント
・早く始めれば始めるほど、節税できる額も運用総額も大きい（利回りによる）。

モデルケース2

35歳　個人事業主（男性）

※妻共働き　子供なし

・現在以降の平均事業所得（収入－経費）700万円
・税率20％
・確定拠出年金の積立額6万8000円（積み立て年数25年）

総節税額

年利1％…約662万円　年利2％…約742万円　年利3％…832万

（内訳）

●掛け金の総節税額

約612万円

●運用益の総節税額

年利1％…約50万円　年利2％…約130万円　年利3％…約220万円

※復興所得税は加味していない。所得控除は、年収による平均的な社会保険料と扶養控除、特定扶養控除、基礎控除を反映。それ以外は控除せず。2016年9月現在の条件に当てはめる。

総節税額

年利　1%	約662万円
2%	約742万円
3%	約832万円

（内訳）

・掛け金の総節税額　約612万円

・運用益の総節税額　年利1%　約50万円

年利2%　約130万円

年利3%　約220万円

年利別の運用総額（総年金額）

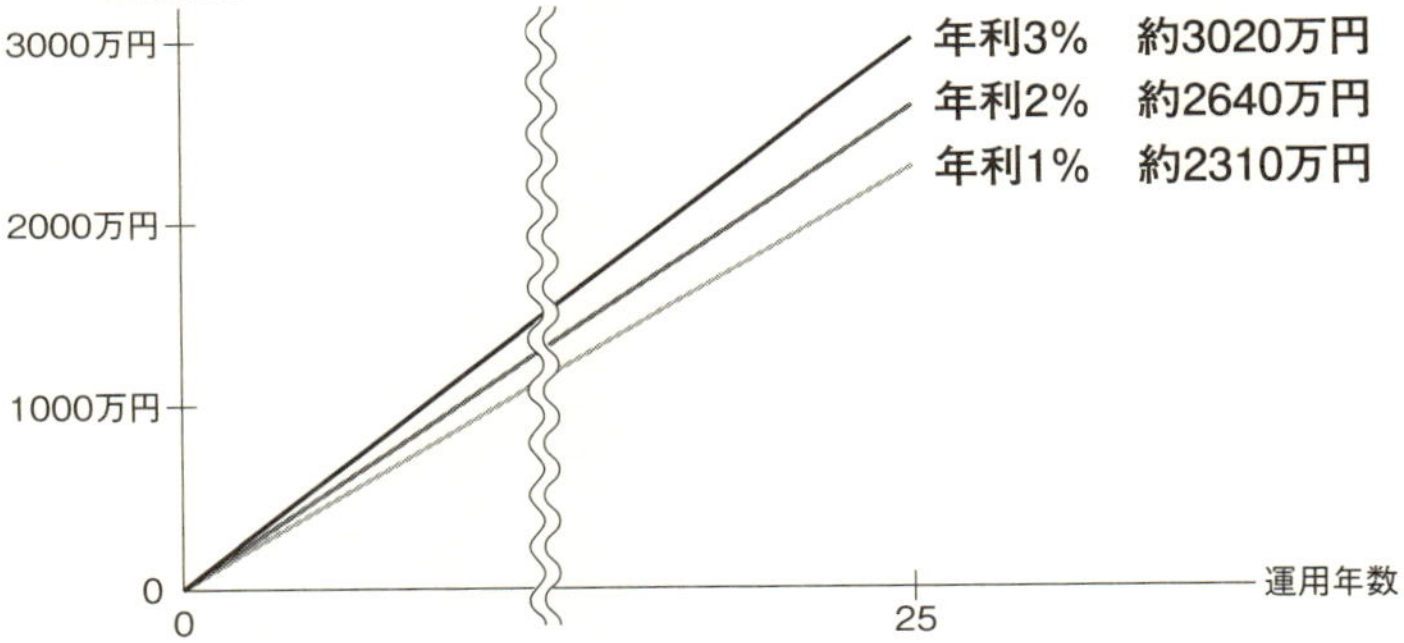

年利別の運用総額（総年金額）

年利１%…約２３１０万円

年利２%…約２６４０万円

年利３%…約３０２０万円

ポイント

・掛け金の上限が大きい自営業者、個人事業主は節税額がより大きい

・掛け金だけで６００万円以上節税できる

・運用がうまくいけば、総年金額が３０００万円を超える

モデルケース３

45歳　主婦（パート）

・現在以降の平均年収２００万円（課税所得60万円の場合）
・税率５％
・確定拠出年金の積立額２万３０００円（積み立て年数15年）

総節税額

年利１％…約69万円　年利２％…約77万円　年利３％…約86万円

（内訳）

●掛け金の総節税額

約62万円

●運用益の総節税額

年利１％…約７万円　年利２％…約15万円　年利３％…約24万円

※復興所得税は加味していない。所得控除は、年収による平均的な社会保険料と扶養控除、特定扶養控除、基礎控除を反映。それ以外は控除せず。2016年9月現在の条件に当てはめる。

総節税額

年利　1%	約69万円
2%	約77万円
3%	約86万円

（内訳）

・掛け金の総節税額　約62万円

・運用益の総節税額　年利1%　約7万円

年利2%　約15万円

年利3%　約24万円

年利別の運用総額（総年金額）

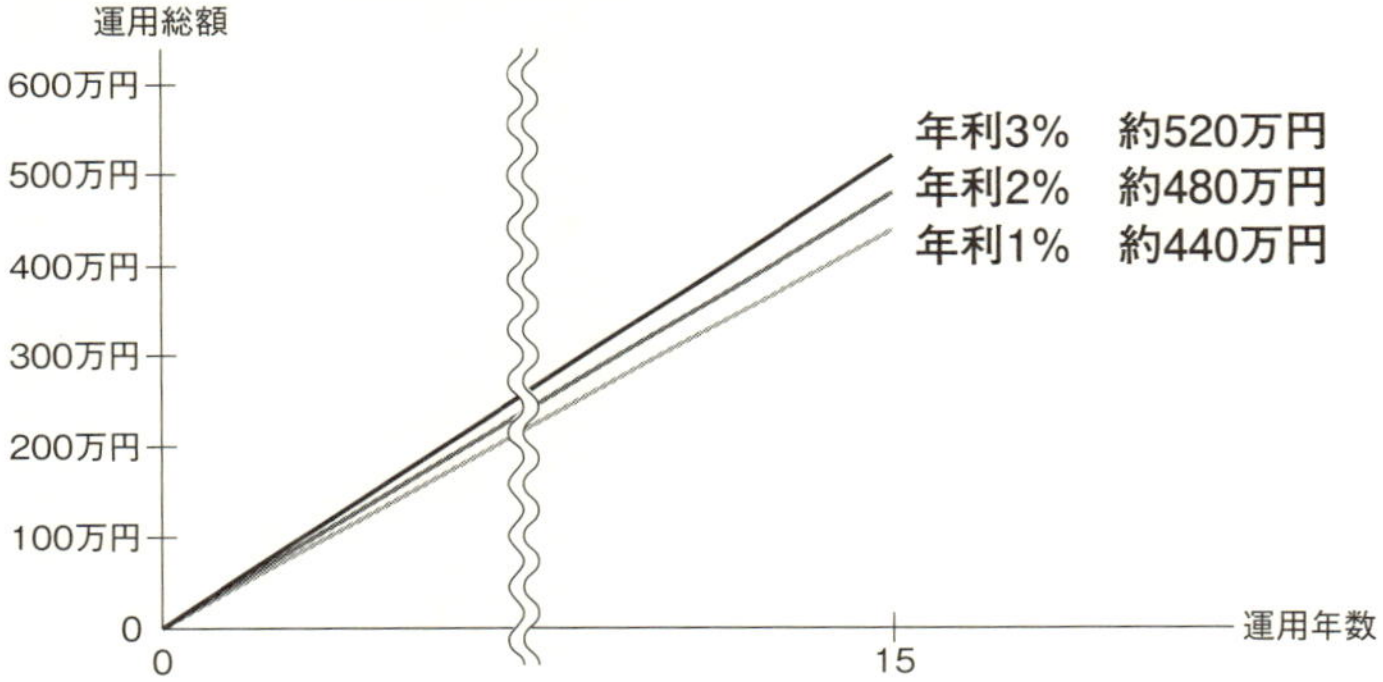

年利別の運用総額（総年金額）

年利１％…約４４０万円

年利２％…約４８０万円

年利３％…約５２０万円

ポイント

・収入が少ない主婦の節税効果は低い

・それでも、普通に貯金をするよりも得である

モデルケース4

55歳　国家公務員（男性）

※子供2人（長女25歳　次女20歳）

・現在以降の平均年収800万円（課税所得380万円の場合）
・税率20％
・確定拠出年金の積立額1万2000円（積み立て年数5年）

総節税額

年利1％…約21・3万円　年利2％…約21・7万円　年利3％…22万円

（内訳）

●掛け金の総節税額

約21万円

●運用益の総節税額

年利1％…約0・3万円　年利2％…約0・7万円　年利3％…約1万円

※復興所得税は加味していない。所得控除は、年収による平均的な社会保険料と扶養控除、特定扶養控除、基礎控除を反映。それ以外は控除せず。2016年9月現在の条件に当てはめる。

総節税額

年利　1%	約21.3万円
2%	約21.7万円
3%	約22万円

（内訳）
・掛け金の総節税額　約21万円
・運用益の総節税額　年利1%　約0.3万円
年利2%　約0.7万円
年利3%　約1万円

年利別の運用総額（総年金額）

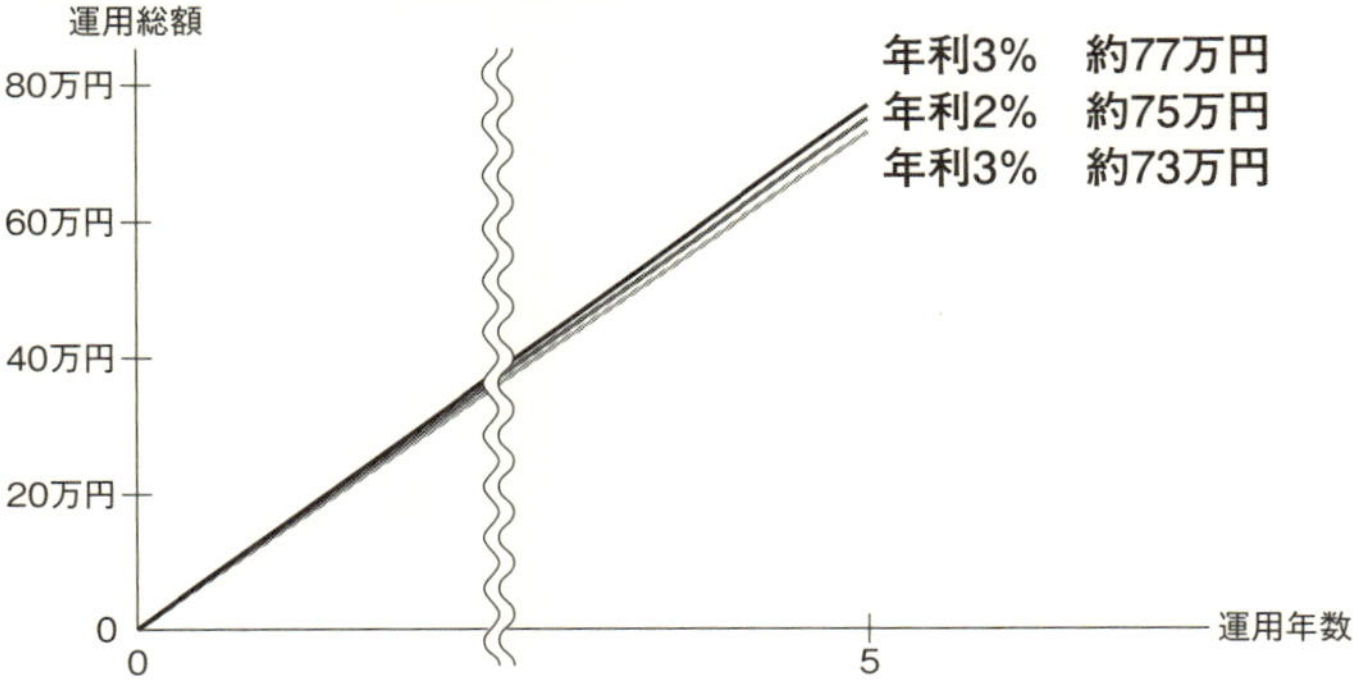

年利別の運用総額（総年金額）
年利１%…約73万円
年利２%…約75万円
年利３%…約77万円

ポイント
・積み立て年数、積立額が少ないと節税額も小さい

おわりに

我々の年金を取り巻く状況は、悪化の一途をたどっています。

少子高齢化は、確実に急激に進み、このままいくと、日本は老人ばかりの国なってしまうでしょう。もちろん、財政的なゆとりはどんどんなくなっていきます。国が年金に支援できる金額は、年々激減していくはずです。

しかも、今現在でさえ、公的年金制度は欠陥だらけです。

２０１６年8月に、公的年金を運用している独立法人（ＧＰＩＦ）が、4~6月期のたった3カ月で5兆円もの損失を出したことが報じられました。公的年金を無理やり株に突っ込んだのが、最大の要因だと思われます。

元官僚としてはっきり言わせてもらえば、今の日本の税金や社会保障というものはメチャクチャです。国の将来のことをまともに分析し、きちんとした手当をしているとは到底思えません。何十年間も、その時々の政治家や官僚が、その場しのぎでやってきた、そのつけが今表れているのです。

どう考えても、このままいけば日本の社会は、しんどいものになっていきます。

ですが、だからといって、我々が自暴自棄になってしまってはいけません。我々は自分たちができる限り、自分の人生や家族、老後の生活を守るべきだといえます。

政治家や官僚も、そこまでバカではないので、そのうち税金、社会保障について、「ちゃんとしよう」という機運が生まれてくるはずです。

それまで、我々は自分で持ちこたえなくてはならないのです。

そのために、確定拠出年金というのは、絶好のツールだと思われます。

確定拠出年金を十二分に使いこなせば、まず老後生活には不自由しないでしょう。

だから、ぜひとも確定拠出年金を活用してください。本書が、その一助となれば、筆者として、これに勝る喜びはありません。

最後に、本書を読了していただいた皆様、本書の制作に尽力していただいた皆様に、この場をお借りして、感謝を申し上げます。

あなたの老後生活が豊かで楽しいものになることを祈念しつつ。

２０１６年秋

著者

●著者略歴
大村大次郎（おおむら・おおじろう）
1960年、大阪府生まれ。国税庁で法人税担当調査官として10年間勤務した後、現在は経営コンサルタントのほか、ビジネス・税金関係の執筆を精力的に行っている。ドラマ『マルサ!!』（フジテレビ系）監修。『税金を払わない奴はバカ！』、『無税国家のつくり方』、『なぜトヨタは税金を払っていなかったのか？』（すべて、ビジネス社）、『あらゆる領収書は経費で落とせる』、『税務署員がこっそり教えるお金の裏ワザ―サラリーマン最強の蓄財術』(ともに、中央公論新社)など、著書多数。

元国税庁調査官が明かす〔最強の財テク術〕
得する確定拠出年金

2016年10月9日　第1刷発行

著　者　大村大次郎
発行者　唐津 隆
発行所　株式会社ビジネス社
〒162-0805　東京都新宿区矢来町114番地 神楽坂高橋ビル5F
電話　03-5227-1602(代表)
http://www.business-sha.co.jp

〈カバーデザイン〉金子眞枝　〈本文組版〉エムアンドケイ
〈印刷・製本〉三松堂株式会社
〈編集担当〉伊藤洋次　〈営業担当〉山口健志

ISBN978-4-8284-1914-5

ビジネス社の好評既刊

なぜトヨタは税金を払っていなかったのか？

元国税庁調査官
大村大次郎……著

定価　本体1000円＋税
ISBN978-4-8284-1889-6

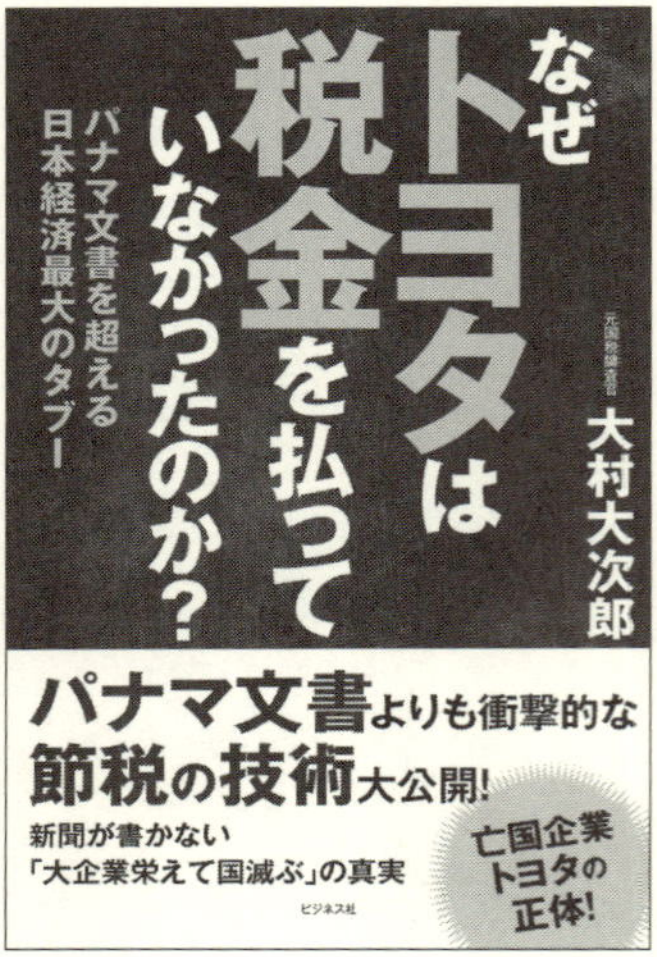

パナマ文書よりも衝撃的な節税の技術大公開！
新聞が書かない「大企業栄えて国滅ぶ」の真実
亡国企業トヨタの正体とは？　パナマ文書を超える日本経済最大のタブー！

本書の内容

日本経済のタブー、大企業の不都合な真実！